CAFÉ CON MIS DEMONIOS.

Parte 1: El presente

Dr. Alec Laracuente

CWMDP

Edición: Primera © Alec M. Laracuente, 2023
ISBN: 979-8-9889666-3-0 (Libro de bolsillo español)
Libreria del Congreso USA: 2023916605
Diseñador de portada: William Ortiz @CragtybaraPR

www.coffeewithmydemons.com

coffeewithmydemons@gmail.com

Dedicatoria: A mi amada esposa, mi firme fortaleza y constante fuente de inspiración. A lo largo de estos años juntos, tu amor, apoyo e inquebrantable fe en mí han sido la fortaleza de nuestro viaje. Tu presencia en mi vida ha traído luz a los momentos más oscuros y tu aliento me ha impulsado a esforzarme para alcanzar la grandeza. Eres el latido de mi corazón que me impulsa hacia adelante, y estoy infinitamente agradecido por la fuerza y el amor que infundes en mi ser. A mi primer hijo, mi maestro y mi gran guía. Desde el momento en que llegaste a mi vida, me has mostrado el verdadero significado del amor, la compasión y la paciencia. Tu curiosidad inocente y espíritu inquebrantable me han enseñado lecciones invaluables sobre la vida y han profundizado mi comprensión del mundo que nos rodea. Eres un faro de luz y un guía extraordinario que me lleva hacia el descubrimiento personal y el crecimiento. Es gracias a ambos que me mantengo fuerte, saludable y ansioso por compartir el conocimiento que he acumulado a lo largo de los años. Su presencia constante me ha permitido superar mis demonios internos, limpiar la casa mental y abrazar la vulnerabilidad, la autocompasión y el crecimiento. Su amor me ha permitido florecer y encontrar mi propósito en ayudar a otros en su viaje transformador. Con todo mi corazón y gratitud, dedico este libro a ti, mi amada esposa, y a ti, mi querido primer hijo. Que este libro sirva como testimonio del impacto profundo que han tenido en mi vida y como una ofrenda de esperanza y sabiduría para todos aquellos que buscan convertirse en la mejor versión de sí mismos. Juntos, continuaremos creciendo, aprendiendo y evolucionando, caminando de la mano en nuestro viaje hacia la paz interior y la plenitud.

CONTENTS

INTRODUCCIÓN: UN VIAJE TRANSFORMADOR HACIA EL BIENESTAR MENTAL.

Bienvenidos a "Café con mis demonios", un viaje transformador hacia el bienestar mental. Como médico especializado en el manejo del dolor, he sido testigo de los efectos debilitantes por falta de bienestar mental en la vida de mis pacientes, donde el dolor físico se entrelaza con el dolor mental y emocional. Pero más allá de mi papel profesional, me presento ante ustedes como alguien que ha luchado personalmente con el profundo impacto de los "demonios internos" en mi propia vida.

Durante años, batallé en silencio, enfrentando las sombras implacables que obstaculizaron mi crecimiento y felicidad. A lo largo de este arduo proceso, descubrí que mis luchas se extendían mucho más allá del ámbito físico, y llegué a un punto en el que me sentía aislado y sin amigos cercanos en quienes apoyarme. Fue durante este tiempo que finalmente reconocí la inmensa importancia del bienestar mental en cada aspecto de nuestra existencia.

Después de haber recorrido este desafiante camino me encuentro en la cúspide de mi propio bienestar mental, físico y espiritual, sabiendo de primera mano el inmenso potencial de crecimiento y sanación que reside en cada uno de nosotros. Este libro, "Café con mis demonios", es la culminación de mi viaje de sanación mental y el comienzo o continuación del tuyo, un sincero esfuerzo por extender mi mano a otros que enfrentan sus propias batallas internas. Ya no estás solo, léelo en voz alta y conecta profundamente conmigo: Ya no estoy solo...

Comprendo la inmensa frustración e impotencia que conlleva sentir que los enfoques tradicionales de sanación no son suficientes, tanto como persona que luchó en soledad y como médico que presenció las luchas de mis pacientes. Por eso he volcado mi corazón y alma en este libro, con la esperanza de ofrecerte la orientación y las herramientas que deseaba haber encontrado antes.

A diferencia de las series de autoayuda tradicionales que a menudo se sumergen en la exploración profunda de todos nuestros demonios internos desde el principio, o solo sirven de inspiració, este libro adopta un enfoque único. Nuestro enfoque aquí no es sumergirse en las complejidades de comprender cada demonio individual, sino más bien brindarte una ventaja poderosa: La claridad mental y la fuerza para comprender lo que está por venir.

"Café con Mis Demonios" sirve como un manual práctico que te guiará paso a paso hacia un estado mental más fuerte y saludable. Te ofrece la base que tanto necesitas para navegar por los complicados caminos de tu propia psiquis. A través de este proceso, adquirirás la resiliencia y la autoconciencia necesarias para adentrarte más en tu pasado, sanar viejas heridas y limpiar los vestigios de emociones no resueltas en el segundo volumen de esta serie.

Piensa en este libro como el punto de partida, el aquí y ahora, donde te equiparás con las herramientas para emprender un viaje extraordinario de autodescubrimiento. Los volúmenes posteriores se sumergirán en la comprensión profunda de tu pasado, empoderándote para surgir más fuerte, más sabio, avanzar y liberarte de las cadenas del trauma generacional en el tercer volumen.

A medida que te sumerjas en las páginas de este primer volumen, te encontrarás desbloqueando las puertas del crecimiento y abrazando la vulnerabilidad. Será un viaje de autocompasión y atención plena, fomentando una mentalidad de crecimiento que te impulsará hacia adelante. Lo más importante es que aprenderás a establecer límites saludables y priorizar el autocuidado, ingredientes esenciales para una vida plena.

Mi objetivo es ayudarte a sentar las bases para un cambio duradero y una liberación personal. Con esta nueva fortaleza, estarás bien preparado para emprender el viaje de búsqueda de tu pasado en el segundo volumen. Aquí, desenterrarás los tesoros enterrados de tu historia, llevando sanación a las partes heridas de ti mismo.

Finalmente, en el tercer volumen, te empoderaremos para liberarte de las cadenas del trauma generacional, mirar hacia el futuro y fomentar un legado de resiliencia y bienestar emocional. "Café con Mis Demonios" no es solo un libro; es una invitación, un llamado a embarcarse en una expedición transformadora de autodescubrimiento y sanación. En estas páginas encontrarás la sabiduría de la experiencia, la calidez de la comprensión y el poder de la resiliencia. Mi deseo más sincero es que, a través de este viaje, también puedas superar tus demonios internos y experimentar la libertad y la paz profundas que te esperan.

Aunque puede que no haya tenido la ayuda que necesitaba durante mis días más oscuros, estoy decidido a marcar la diferencia en la vida de los demás. Deja que este libro sea tu compañero, una presencia reconfortante que te guía a través de la oscuridad hacia la luz del bienestar mental. Juntos, descubriremos las herramientas para liberarnos de las cadenas de nuestras mentes, empoderándonos para vivir vidas plenas.

Gracias por emprender en este viaje conmigo. Te prometo que, mientras te sumerges en "Café con Mis Demonios", encontrarás la esperanza y la fuerza necesarias para crear un cambio positivo y duradero en tu vida. Permite que "Café con Mis Demonios" sea tu compañero en la odisea personal de autocuración que alterará para siempre el curso de tu vida.

Con esperanza,

Dr. Alec M Laracuente

CAPÍTULO 1:

ENFRENTANDO

TUS SOMBRAS -

REVELANDO LA CASA

DE NUESTRA MENTE.

Imagina tu mente como una vasta y compleja casa, un lugar donde pasas la mayoría de tus horas despierto, y algunos de nosotros también mientras soñamos. Al igual que cualquier hogar, esta morada mental tiene diversas habitaciones, cada una representando diferentes aspectos de tus pensamientos, emociones y experiencias. Algunas habitaciones son luminosas y acogedoras, llenas de recuerdos queridos y sentimientos positivos, mientras que otras permanecen ocultas en las sombras, albergando los demonios que se han acumulado con el tiempo.

Estos "demonios" son un término colectivo que abarca diversos bloqueos mentales, traumas, ansiedades y patrones no deseados de comportamiento. Son los vestigios de experiencias pasadas, desafíos de adaptabilidad, micro-muertes y emociones no procesadas que han tomado residencia en las paredes de tu mente.

A medida que viajas a través de la vida, convives en esta casa con estos demonios, algunos de los cuales te has acostumbrado a tener cerca e incluso confías en ellos para ayudarte a responder a ciertas situaciones. Como viejos conocidos, te has acostumbrado a su presencia, aceptándolos como parte de tu existencia diaria. Vagan libremente dentro de las habitaciones de tu mente, influyendo en tus pensamientos, decisiones y comportamientos.

En algunos casos, eres consciente de los demonios que te hieren profundamente. Estos son los que has encerrado conscientemente en los rincones más oscuros de tu morada mental. A pesar de la incomodidad que traen, permanecen ocultos, protegidos por tu mente consciente para resguardarte de más dolor.

Pero también existen demonios que puedes haber olvidado o reprimido. Estos habitan en los planos olvidados de tu casa interior, acechando en las grietas de tu mente subconsciente. Estos demonios ocultos aún pueden afectarte de manera sutil pero profunda, influyendo en tus elecciones sin que te des cuenta siquiera.

Así como una casa física, tu morada mental requiere mantenimiento y cuidado. Las habitaciones luminosas y acogedoras necesitan cuidado para florecer, mientras que las habitaciones "sucias" llenas de demonios requieren atención y limpieza. Sin embargo, enfrentar estos aspectos más oscuros de ti mismo puede ser desafiante y abrumador. A veces, es posible que no te sientas listo para enfrentarlos, y eso también está bien.

El viaje para enfrentar tus sombras comienza reconociendo su existencia. Así como una habitación desordenada y descuidada no puede limpiarse sin reconocer primero su desorden, comprender la presencia de tus demonios es el crucial primer paso hacia la sanación y la transformación.

En este libro exploraremos herramientas y técnicas prácticas para navegar por las habitaciones de tu casa mental. Te guiaremos suavemente a través del proceso de limpiar y organizar esos espacios que necesitan atención, respetando tu disposición para enfrentar ciertos demonios.

Recuerda, no estás solo en esta exploración. Juntos, iluminaremos los rincones olvidados e iluminaremos los pasajes oscuros de tu mente. A medida que te familiarices con tus demonios y comprendas sus orígenes, encontrarás la fuerza para liberarte de su agarre y recuperar el control sobre tu morada mental.

Entonces, ¿cómo nos sumergimos en este viaje transformador? ¿Cómo navegaremos por el laberinto de la mente y nos empoderamos para liberarnos de las sombras y abrazar la luz del bienestar mental?

Logramos esto cambiando patrones de comportamiento y pensamientos, y en tu caso, utilizando el conocimiento y las actividades de este libro como herramientas de limpieza de la casa interior. Encontrarás diversas actividades y espacio para escribir en este libro y así ayudarte a limpiar tu casa interior, eventualmente poder tomar un café con tus demonios mientras los despachas.

Actividad 1.0: Armonía en la casa interior y exterior.

En nuestra búsqueda del bienestar mental, podemos encontrar inspiración al tratar nuestro espacio de vida física como desearíamos que fueran nuestro espacio de vida mental ideal. Como dijo bellamente Virginia Woolf una vez, "No se puede pensar bien, amar bien, dormir bien si no se ha cenado bien". Empecemos actividades cotidianas pero significativas que reflejen el cuidado y la atención que necesita nuestra morada mental:

Ritual matutino: saludando al día.

Así como recibirías el amanecer con una mente tranquila y abierta, permite que la luz del sol de la mañana llene suavemente tu habitación. Respira conscientemente varias veces, estableciendo un tono positivo para el día que se avecina. Haz tu cama con intención, alisando las sábanas mientras despejas tu mente de cualquier desorden. Si sonreíste al leer esto porque tienes hijos y son tu despertador, no te preocupes, también se puede hacer: Deja que el niño o los niños hagan su parte, deja que el primer pensamiento sea positivo y no permitas quejas o pensamientos inútiles lleguen a ti. Luego, al despertar, saluda a tu hijo con una gran sonrisa y permítele recibir como el primer regalo del día un acto físico de amor, y trata de verbalizar el amor como las primeras palabras del día.

Atender el santuario.

Limpia tu santuario mental ordenando tu espacio físico. Mientras limpias y organizas objetos, reflexiona sobre la importancia de despejar tu mente. Cada artículo tiene su lugar, al igual que cada pensamiento merece reconocimiento y organización. Esto puede sonar sencillo para algunos de ustedes, pero si aferrarse a objetos físicos es uno de tus demonios, este puede no ser el momento de tomar café con él. Haz lo mejor que puedas, reconoce que esto puede ser uno de los demonios, no te detengas en ello y continúa. Eventualmente serás lo suficientemente fuerte como para tomar café con "Señor Acumulador", un demonio muy común al que he dado este nombre y al que he reubicado varias veces.

Preparación consciente de comidas.

Abraza el acto de preparar tus comidas con atención plena y creatividad. Pica las verduras con cuidado, apreciando la nutrición que proporcionan. Mientras cocinas, saborea cada aroma, sabiendo que estás alimentando no solo tu cuerpo sino también tu bienestar mental. Puede que aún no lo sepas, pero la nutrición juega un papel importante en nuestro bienestar mental, al igual que en el físico. Le dedicaré una parte a la nutrición y brindaré recetas sencillas pero nutritivas para aquellos que aún no han dominado el arte culinario. Por ahora, incluso si es un tazón de cereal, quiero que lo sirvas con atención plena, observa el tazón, enriquécelo y simplemente está presente mientras lo comes.

El arte de la limpieza.

Trata la limpieza como una práctica meditativa. Limpia los pisos con propósito, imaginando que cada movimiento elimina cualquier energía negativa residual de tu espacio mental. Deja que el acto de limpiar se convierta en un ritual de purificación, transformando tanto tu hogar como tu mente. Esto también aplica para la ropa, doblarla, guardarla y todo lo demás. Si agregas finalizar todas las etapas de una actividad al arte de la limpieza, y a todas las demás actividades, no solo sanarás más rápido, sino que alcanzarás tu potencial en cada aspecto de tu vida.

Esquinas acogedoras de comodidad.

Crea rincones acogedores dentro de tu espacio de vida, lugares donde puedas retirarte y encontrar consuelo. Rodea de objetos que te traigan alegría, al igual que buscarías experiencias positivas para nutrir tu santuario mental.

Reposo tranquilo.

Prepara tu dormitorio con la misma atención que le darías a tu refugio mental. Deja que colores suaves y acogedores te abracen y asegúrate de que tu cama sea un santuario de comodidad, listo para abrazarte en un sueño apacible. Una vez que tengas el espacio perfecto, sigue técnicas simples de higiene del sueño; si esto aún no es suficiente para lograr un sueño reparador, nuevamente, no te preocupes; llegaremos allí. Yo uso nutracéuticos para ayudar a mis pacientes a descansar y tener la fortaleza mental para tomar café con sus demonios. Sigue leyendo para encontrar sugerencias.

Rincón reflexivo de lectura.

Designa un espacio para la lectura y la reflexión, un lugar donde puedas interactuar con literatura que enriquezca tu mente y alma. Sumérgete en libros que te hagan fuerte para tomar café con tus demonios, que despierten la curiosidad, la inspiración y la autoconciencia.

Limpieza consciente.

A medida que el día llega a su fin, practica la gratitud por los momentos que trajeron alegría y la compasión por aquellos que fueron desafiantes. Limpia después de ti mismo con cuidado, como limpiarías tus pensamientos antes de dormir.

Al abrazar estas actividades cotidianas pero conscientes, encontramos ecos del espacio mental que aspiramos a crear: ordenado, tranquilo y nutritivo. Al tratar nuestro espacio de vida físico con el mismo respeto que nuestro espacio de vida mental, sentamos las bases para el bienestar integral. Así como un hogar bien cuidado fomenta una sensación de armonía, lo mismo hace una mente bien cuidada inspirar claridad y crecimiento. Como nos recuerda Virginia Woolf, nuestros espacios mentales y físicos están inextricablemente vinculados, y al cuidar de ambos, podemos pensar, amar y vivir verdaderamente bien.

Sección 1: Efectos secundarios de la transformación.

A medida que trabajamos lentamente en los primeros pasos hacia el bienestar mental, echemos un vistazo a lo que es la casa de la mente. Sería completamente natural realizar un ejercicio para trazar nuestro propio hogar mental e incluso identificar nuestros demonios; y sí, llegaremos a eso, pero por ahora, disfruta el proceso y prepárate para estar listo a limpiar tu casa interior y liberarla de estos demonios.

Puede ser demasiado pronto o tal vez sea el momento perfecto para hablarte sobre los efectos secundarios de la autotransformación. Los "efectos secundarios" de transformar tu vida en una mente y alma saludables están lejos de ser ordinarios. Prepárate para risas, lágrimas, despedidas, estar solo pero no soledad, momentos de claridad y conexiones profundas. Prepárate para una vida tocada por la magia y llena de un nuevo sentido de propósito. Mientras te embarcas en esta odisea, recuerda mantener un toque de ingenio y un toque de humor para navegar por las olas transformadoras con gracia y curiosidad. Así que, no temas los "efectos secundarios", sino más bien recíbelos con los brazos abiertos, ya que son la llave para desbloquear la vida extraordinaria que te espera.

Este libro está dirigido a todas las audiencias, deseo poder conectarme también con la generación más joven también; quienes me han enseñado que la precisión, la concisión y una lista bien elaborada harán que mi punto sea más fácil de entender, por lo tanto, verás a menudo en este libro un estilo de lista para facilitar la comprensión.

Efectos secundarios de la Transformación personal:

1. Resplandeciente aura de positividad: A medida que cultivas una mente y un alma saludables, tu energía brillará con positividad. Las personas a tu alrededor se preguntarán si has encontrado el secreto de la felicidad eterna. Ten cuidado, tu energía radiante puede ser contagiosa, elevando a quienes te rodean y atrayendo a las almas curiosas que buscan la fuente de tu nueva alegría.

2. La paz interior destruye el drama: Las reinas y los reyes del drama en tu vida encontrarán que sus

teatros y dramas pierden su impacto. Tu paz interior y tu estabilidad emocional tienen una manera de desviar la atención de conflictos triviales y melodramas. Prepárate para presenciar la confusión divertida cuando descubran que su audiencia habitual de empatía y preocupación ha disminuido.

3. La empatía potencia las conexiones: A medida que te sumerges en las profundidades de tus propias emociones, tus superpoderes empáticos se intensificarán. Te convertirás en el confidente al que acuden tus amigos en busca de comprensión y un oído compasivo. Recuerda, con una gran empatía viene una gran responsabilidad (y una agenda llena de sesiones de té / café y "café con mis demonios").

4. El arte de las fronteras: Tu viaje te enseñará el arte de establecer límites saludables. Esta habilidad recién descubierta podría provocar algunas cejas levantadas entre aquellos acostumbrados a sobrepasar tus límites. No temas, ya que su asombro pronto se convertirá en admiración cuando sean testigos de tu nueva asertividad.

5. La resiliencia al rescate: Las tormentas inevitables de la vida seguirán llamando a tu puerta, pero te mantendrás firme, equipado con la resiliencia para resistir cualquier tempestad. Tu fuerza inquebrantable puede desconcertar a los incrédulos que alguna vez cuestionaron tu capacidad para navegar aguas agitadas.

6. Despedida a los enredos tóxicos: A medida que limpias tu casa mental, comenzarás a notar los escombros de relaciones tóxicas. No temas a las despedidas agridulces; suelta con gracia y gratitud.

Abraza la llegada de nuevos espíritus afines y conexiones genuinas que se alinean con tu yo floreciente.

7. La vida es un libro de aventuras, elige tu propia aventura: A medida que tomas el control de tus pensamientos y emociones, la vida se convierte en un cautivador libro de aventuras. Cada capítulo está impregnado de posibilidad y emoción, y tú eres el valiente protagonista que forja tu destino con cada vuelta de página.

8. Creatividad profunda liberada: Las compuertas de la creatividad en tu interior se abrirán de par en par. Prepárate para deseos repentinos de escribir poesía, bailar, pintar o perseguir cualquier empresa artística que capture la esencia de tu alma. Abraza lo peculiar y permite que tu creatividad moldee tu mundo.

El viaje de transformar la vida en un refugio de bienestar mental y emocional es como sumergirse en aguas desconocidas. A medida que navegas por las corrientes del autodescubrimiento y la curación, sin duda encontrarás una plétora de "efectos secundarios" que se propagarán en tu vida personal y en la vida de quienes te rodean. Si bien estos resultados están lejos de ser no deseados, pueden tener un impacto sorprendentemente profundo, a veces incluso con un toque de ingenio.

CAPÍTULO 2:

ABRAZANDO LA

VULNERABILIDAD.

La vulnerabilidad, a menudo malentendida como un signo de debilidad, es, de hecho, la puerta de entrada a una inmensa fortaleza y una curación profunda. En la casa metafórica de la mente, la vulnerabilidad puede compararse a las puertas que nos protegen del daño, pero también nos impiden experimentar plenamente las alegrías y conexiones de la vida. Este capítulo se adentra en el poder transformador de la vulnerabilidad, explorando cómo beneficia el proceso de sanación de nuestra casa mental, nos permite tomar un café con los demonios que han cargado nuestro carácter, y nos libera de barreras emocionales que obstaculizan nuestra capacidad para saborear la vida en su plenitud.

Sección I: Revelando naturaleza de la vulnerabilidad.

En su esencia, la vulnerabilidad es un acto de valentía emocional. Requiere que despojemos las capas protectoras que hemos construido cuidadosamente con el tiempo, permitiendo que otros sean testigos de nuestros pensamientos y sentimientos genuinos. Al hacerlo, exponemos nuestras vulnerabilidades más internas, haciéndonos susceptibles a posibles heridas o rechazos. Pero en este mismo acto de apertura, creamos un puente de conexión con los demás, forjando relaciones más profundas y significativas. Cuando entendemos la vulnerabilidad, ya no evitamos reconocer nuestras emociones y experiencias. En lugar de reprimir nuestros sentimientos o fingir ser fuertes cuando estamos luchando, abrazamos la vulnerabilidad como un camino hacia la autoconciencia y el crecimiento. Al reconocer nuestras vulnerabilidades, comprendemos que no disminuyen nuestro valor, sino que contribuyen al tapiz único de lo que somos.

En la casa interna de nuestras mentes, la vulnerabilidad sirve como la llave para abrir puertas a varias habitaciones que podríamos haber evitado en el pasado. Nos permite adentrarnos en los espacios donde traumas pasados han dejado cicatrices, emociones no resueltas y temores fermentados. Al entrar en estas habitaciones con la vulnerabilidad como nuestra guía, obtenemos la fuerza para enfrentar nuestros demonios internos y encontrar la curación en el proceso. Comprender la vulnerabilidad nos lleva a la habitación de la autocompasión. Cuando aceptamos y abrazamos nuestras vulnerabilidades sin juzgar, aprendemos a tratarnos con amabilidad y comprensión. Reconocemos que merecemos compasión, así como la extenderíamos a otros en sus momentos de necesidad. En la habitación de la autenticidad, la vulnerabilidad nos permite desechar las máscaras que llevamos y revelar nuestro verdadero ser. Nos empodera para abrazar nuestra singularidad y mostrar nuestras fortalezas y debilidades sin temor al juicio. En este espacio, podemos formar conexiones genuinas con otros, ya que nos ven y aprecian por lo que realmente somos. La habitación del crecimiento personal nos llama cuando comprendemos la vulnerabilidad.

Al estar abiertos a la vulnerabilidad, invitamos oportunidades para el automejoramiento y el autodescubrimiento. Reconocemos que el crecimiento a menudo requiere salir de nuestras zonas de confort y asumir riesgos, incluso si eso implica enfrentar incertidumbres y posibles contratiempos. Sin embargo, es esencial reconocer que la vulnerabilidad no significa revelar indiscriminadamente nuestras emociones más profundas a todos los que encontramos. Más bien, requiere discernimiento y establecer límites saludables, compartiendo nuestras vulnerabilidades con aquellos que han ganado nuestra confianza y respeto.

En términos más sencillos, la vulnerabilidad es cuando bajas la guardia y muestras tus verdaderos sentimientos, pensamientos y miedos a ti mismo y a algunas personas cercanas, incluso si se siente aterrador o incómodo. Es como quitarse una máscara protectora y ser honesto acerca de quién eres realmente. La vulnerabilidad, a menudo malentendida como un signo de debilidad, es en realidad un manantial de coraje y autenticidad. Desmitificar las concepciones erróneas comunes que rodean a la vulnerabilidad revela su potencial transformador en fomentar conexiones significativas, crecimiento personal y resiliencia emocional. Aquí hay algunos mitos comunes y consejos detrás de la vulnerabilidad:

Mito 1: La vulnerabilidad es debilidad.

Todo lo contrario, la vulnerabilidad requiere inmensa fuerza y valentía. Se necesita coraje para exponer nuestros pensamientos y emociones más internos, especialmente cuando hay un temor al rechazo o al juicio. Es como pararse al borde de un acantilado, vulnerable a lo que pueda venir a continuación. Solo aquellos que poseen una verdadera fortaleza pueden abrazar sus vulnerabilidades sin esconderse detrás de una fachada de invulnerabilidad.

Enfoque Práctico: Comienza reconociendo tus emociones y pensamientos sin juzgar. Reconoce que ser vulnerable no te hace débil, sino que muestra tu humanidad. Abraza la vulnerabilidad como un acto de valentía, un poderoso paso hacia la autenticidad y el crecimiento personal.

Mito 2: La vulnerabilidad es exceso de compartir.

La vulnerabilidad no significa revelar todos los detalles de tu vida a todos. Se trata de compartir de manera adecuada y auténtica con las personas adecuadas. El exceso de compartir puede causar incomodidad y tensar relaciones. La vulnerabilidad se trata más de la calidad que de la cantidad de compartir.

Enfoque Práctico: Elige a alguien en quien confíes y te sientas seguro/a para comenzar a compartir tus sentimientos y pensamientos. Ábrete gradualmente a otros a medida que construyas conexiones más profundas. Ten en cuenta tus límites y comparte de una manera que te resulte cómoda. Esto puede ser más fácil para algunos con un cuaderno, y eso está perfectamente bien, sin embargo, incluso si es un cuaderno, ve despacio.

Mito 3: La vulnerabilidad es negativa.

Muchos creen que la vulnerabilidad solo implica compartir emociones negativas o debilidades. Sin embargo, la vulnerabilidad abarca un espectro de emociones, incluyendo alegría, amor y emoción. Nos permite celebrar nuestros éxitos y expresar nuestra felicidad auténticamente.

Enfoque Práctico: Abraza la vulnerabilidad en momentos de alegría, así como en momentos de dificultad. Comparte tus logros y experiencias felices con otros, permitiéndoles celebrar contigo y profundizar tus conexiones.

Mito 4: La vulnerabilidad es insegura.

Sentirte vulnerable puede hacer que temas que otros se aprovechen tu apertura y la usen en tu contra. Si bien siempre hay un riesgo al ser vulnerable, es esencial discernir en quién puedes confiar. Elegir a personas solidarias y comprensivas para compartir aumenta la probabilidad de tener una experiencia positiva. Entiendo que algunos de nosotros podemos sentir que no tenemos a esa persona para abrirnos y ser vulnerables. Como adelanto en la vida, es en el momento en que sientes que no hay nadie para ti, que te das cuenta de que has llegado al momento perfecto de limpieza de la casa interior de tu vida.

Enfoque Práctico: Pon a prueba gradualmente la vulnerabilidad y observa cómo responden los demás. Construye conexiones con personas que demuestren empatía y apoyo. A medida que crezca la confianza, te sentirás más seguro/a para ser más vulnerable con ellos.

Mito 5: La vulnerabilidad es un acto de una sola vez.

La vulnerabilidad no es un evento de una sola vez. Es un viaje continuo de autodescubrimiento y crecimiento. Abrazar constantemente la vulnerabilidad te permite profundizar las conexiones y fomentar el desarrollo personal.

Enfoque Práctico: Practica la vulnerabilidad regularmente. Comparte tus pensamientos, emociones y experiencias con amigos de confianza, un cuaderno o seres queridos. Reflexiona sobre cómo afecta tus relaciones y cómo te empodera para crecer como individuo.

La vulnerabilidad de ninguna manera es una debilidad que deba evitarse, sino una expresión valiente y auténtica de nuestro verdadero ser. Al desafiar concepciones erróneas y abrazar la vulnerabilidad de manera práctica, creamos oportunidades para conexiones más profundas, crecimiento personal y resiliencia emocional. Abraza la vulnerabilidad como una herramienta poderosa, un faro de valentía que conduce a una vida más rica y gratificante.

Sección II: Sanando la casa mental a través de la vulnerabilidad.

Abrazar la autocompasión y la vulnerabilidad crea una poderosa sinergia que fomenta la curación y el crecimiento, tanto dentro de nosotros mismos como en nuestras relaciones con los demás. La autocompasión implica tratarnos a nosotros mismos con la misma amabilidad y comprensión que ofreceríamos a un amigo cercano, cultivando un diálogo interior suave y solidario.

La vulnerabilidad, por otro lado, es el coraje de revelar nuestro verdadero ser, compartiendo nuestros miedos, luchas e imperfecciones con autenticidad. Cuando abrazamos la vulnerabilidad, reconocemos nuestra humanidad compartida, reconociendo que no estamos solos en enfrentar desafíos. Esta conciencia nos permite extender compasión hacia nosotros mismos sin juzgar, reconociendo que la imperfección es una parte natural de la experiencia humana. Al derribar las barreras de la autocrítica y el perfeccionismo a través de la vulnerabilidad, la autocompasión florece, creando un entorno nutritivo para la curación y el crecimiento.

Además, abrazar la autocompasión y la vulnerabilidad abre nuestros corazones para extender compasión a los demás. Cuando estamos dispuestos a ser vulnerables, forjamos conexiones más profundas con los demás, fomentando la empatía y la comprensión. A través de la vulnerabilidad, creamos un espacio seguro para que otros compartan sus luchas, validando sus experiencias y ofreciendo apoyo.

Esta conexión compasiva contribuye a un entorno nutritivo donde la curación puede tener lugar no solo dentro de nosotros mismos, sino también dentro de nuestras relaciones y comunidades. Al ser amables y comprensivos con nosotros mismos, reconocer nuestras vulnerabilidades y abrazar nuestra humanidad compartida, cultivamos un entorno nutritivo para el desarrollo personal e interpersonal. A través de la vulnerabilidad, fomentamos la empatía y la compasión hacia los demás, creando una comunidad de apoyo y comprensión.

Abrazar la autocompasión y la vulnerabilidad nos capacita para navegar por las complejidades de la vida con gracia, fomentando la curación y el crecimiento a un nivel profundo, y cultivar la confianza y la conexión. Cultivar la confianza y la conexión es fundamental tanto en las relaciones terapéuticas como en las conexiones personales con seres queridos. La vulnerabilidad juega un papel crucial en este proceso, ya que abre la puerta a una intimidad y comprensión genuinas. En entornos terapéuticos, los clientes a menudo buscan apoyo y orientación, y la confianza es esencial para que se sientan lo suficientemente seguros como para compartir sus luchas más profundas. Yo trato a mis pacientes con vulnerabilidad al ser empático, auténtico y sin juzgar, lo que crea un espacio donde las personas pueden sentirse comprendidas y aceptadas. Al compartir sus vulnerabilidades, los demás te verán como humano también, fomentando un sentido de camaradería que rompe las barreras de la jerarquía. Esto crea una alianza saludable basada en la confianza mutua y el respeto, que es vital para el proceso de curación.

En las relaciones personales, la vulnerabilidad también es igualmente significativa. Cuando las personas son abiertas acerca de sus miedos, inseguridades y traumas pasados, fomenta un nivel profundo de conexión con seres queridos. Compartir vulnerabilidades requiere coraje, pero también demuestra una disposición a ser emocionalmente íntimo y auténtico el uno con el otro. Cuando los seres queridos responden con empatía y apoyo, se profundiza el vínculo, creando una sensación de seguridad y cercanía emocional. La vulnerabilidad también desempeña un papel crucial en la resolución de conflictos y malentendidos en las relaciones. Al expresar vulnerabilidades y miedos, las personas pueden comunicar mejor sus necesidades y emociones, lo que lleva a una comprensión más profunda de las perspectivas mutuas. De esta manera, la vulnerabilidad actúa como un puente hacia la reconciliación y el compromiso, fortaleciendo la base de la confianza y la conexión.

Cultivar la confianza y la conexión en relaciones terapéuticas y conexiones personales depende en gran medida de la vulnerabilidad. Al abrazar la vulnerabilidad, los terapeutas y seres queridos crean un entorno de empatía, aceptación y comprensión mutua. Esto fomenta un fuerte sentido de confianza, lo que lleva a un progreso terapéutico profundo y a relaciones más profundas y significativas con los seres queridos. La vulnerabilidad permite a las personas derribar barreras y abrir sus corazones el uno al otro, allanando el camino para conexiones auténticas y crecimiento emocional.

Sección 3: Discernimiento.

El discernimiento es la valiosa habilidad de percibir, comprender y juzgar situaciones, personas y circunstancias con claridad y sabiduría. Es la brújula interna que nos guía hacia la toma de decisiones informadas y distingue entre lo que se alinea con nuestros valores, creencias y aspiraciones, y lo que no lo hace. Desarrollar el discernimiento es esencial para navegar por las complejidades de la vida y evitar los peligros de decisiones impulsivas y juicios precipitados.

Para cultivar el discernimiento, es crucial cultivar la autoconciencia y la inteligencia emocional. Al comprender nuestros propios prejuicios, miedos y deseos, podemos discernir mejor los motivos detrás de nuestras decisiones y acciones. Este viaje introspectivo nos permite reconocer cuándo nuestros juicios pueden estar nublados por prejuicios personales o reacciones emocionales, lo que nos lleva a tomar decisiones más objetivas.

Además, buscar perspectivas y conocimientos diversos es vital para fomentar el discernimiento. Participar en conversaciones con otros, leer puntos de vista diversos y mantenerse informado puede ampliar nuestra comprensión del mundo y desafiar nuestras suposiciones. Este enfoque de mente abierta nos capacita para tomar decisiones basadas en una perspectiva completa y comprensiva.

Por último, abrazar el discernimiento requiere disposición para aprender de nuestras experiencias. Reflexionar sobre decisiones pasadas, tanto éxitos como errores, proporciona conocimientos valiosos que informan nuestras elecciones futuras. En lugar de desanimarnos por los errores, podemos verlos como oportunidades de crecimiento y perfeccionar nuestro discernimiento a través de una mejora continua de nosotros mismos.

Al perfeccionar la habilidad del discernimiento, nos equipamos mejor para navegar las complejidades de la vida con claridad y confianza. Nos capacita para tomar decisiones que se alinean con nuestros valores y aspiraciones, llevándonos hacia una vida más significativa y plena. Con el discernimiento como aliado, podemos abrazar el viaje transformador de "Café con Mis Demonios" con sabiduría y perspicacia, aprovechando al máximo cada oportunidad de autodescubrimiento y crecimiento.

Actividad 2.1: Escritura de vulnerabilidad.

Paso 1: Preparar el escenario: Crea un espacio cómodo y privado donde puedas reflexionar sin distracciones. Toma un bolígrafo y dirígete al espacio provisto más abajo. También puedes querer tener música relajante de fondo y/o iluminación suave para crear un ambiente tranquilo.

Paso 2: Reflexiona sobre tus emociones: Comienza tomando algunas respiraciones profundas para centrarte. Reflexiona sobre tus emociones y pensamientos del día o cualquier experiencia reciente que te haya dejado una impresión. Permítete ser honesto y auténtico al reconocer tus sentimientos, ya sean positivos o desafiantes.

Paso 3: Elige una pregunta de vulnerabilidad. Selecciona una pregunta de vulnerabilidad que te resuene. Algunos ejemplos podrían ser: "Comparte un momento en el que te sentiste profundamente vulnerable y cómo te afectó." "Escribe sobre un miedo o inseguridad que has estado llevando y su impacto en tu vida." "Describe una situación en la que te costó expresar tus emociones abiertamente y lo que aprendiste de ello."

Paso 4: Escribe desde el Corazón. Comienza a escribir en respuesta a la pregunta de vulnerabilidad. Sé amable contigo mismo y evita la autocrítica. Escribe desde el corazón, permitiendo que tus pensamientos y emociones fluyan libremente en las páginas. No te preocupes por la gramática o la estructura; este es un espacio para la expresión cruda y sincera.

Paso 5: Acepta la Incomodidad. A medida que escribas, es posible que encuentres sentimientos de incomodidad o vulnerabilidad. Acepta estas emociones y reconoce que la vulnerabilidad es un acto valiente de autocompasión. Recuerda que este proceso es una oportunidad para el crecimiento y la sanación.

Paso 6: Reflexiona y Aprende. Después de escribir, toma un momento para reflexionar sobre tus palabras. Observa patrones o temas recurrentes que surjan. Considera cómo abrazar la vulnerabilidad en este ejercicio ha impactado tu percepción de tus emociones y experiencias.

Paso 7: Compartir Opcional (Si estás en un entorno grupal). Si te sientes cómodo, considera compartir tus reflexiones con un amigo de confianza o un grupo pequeño y de apoyo. Este paso opcional puede profundizar el sentido de vulnerabilidad y conexión, al crear un espacio seguro para compartir tus pensamientos y escuchar las experiencias de los demás.

Paso 8: Practica Regularmente. Para fomentar la vulnerabilidad, convierte esta actividad en una práctica regular. Dedica tiempo semanalmente o cuando sientas la necesidad de explorar tus emociones y vulnerabilidades. Con el tiempo, es posible que notes un aumento en la autoconciencia y una mayor capacidad para abrazar la vulnerabilidad en tu vida diaria.

Recuerda, la vulnerabilidad es un valiente acto de autodescubrimiento y crecimiento. Al participar en esta actividad de escritura de vulnerabilidad, creas un espacio seguro para la reflexión honesta, lo que conduce a una comprensión más profunda de ti mismo y una conexión más fuerte con tus emociones.

Actividad 2.1: Escritura de vulnerabilidad.

_____

_____

_____

_____

_____

_____

_____

_____

_____

_____

_____

_____

_____

_____

_____

_____

_____

_____

_____

_____

_____

_____

_____

_____

_____

_____

_____

_____

_____

_____

___

CAPÍTULO 3:

AUTOCOMPASIÓN.

La autocompasión y el perdón son dos prácticas profundas que desempeñan un papel vital en la limpieza de nuestra casa interior, el complejo paisaje de nuestras emociones, pensamientos y experiencias pasadas. Al igual que despejar el desorden de un espacio físico, la autocompasión y el perdón ayudan a eliminar el desorden en nuestros reinos emocionales y mentales, creando un entorno propicio para la sanación y el crecimiento.

La autocompasión implica tratarnos a nosotros mismos con amabilidad y comprensión, especialmente durante momentos difíciles o cuando cometemos errores. En lugar de regañarnos por nuestras supuestas deficiencias, la autocompasión nos anima a abrazar nuestras imperfecciones con amor y aceptación. Esta práctica es como quitar las telarañas de la autocrítica y el auto juicio, creando un diálogo interno más compasivo.

Por otro lado, el perdón actúa como un poderoso agente de limpieza en nuestra casa interior. Nos permite liberarnos del agarre de heridas pasadas, resentimientos y rencores. Al perdonarnos a nosotros mismos y a los demás, dejamos atrás el equipaje emocional que nos ha cargado durante años. Este proceso es como abrir ventanas en nuestra casa interior, permitiendo que el aire fresco y la luz penetren en los rincones más oscuros.

A medida que cultivamos la autocompasión y el perdón, nos convertimos nuevamente en los dueños de nuestra casa interior. En lugar de estar gobernados por emociones no resueltas y agitación interna, obtenemos las herramientas para enfrentar nuestros demonios y limpiar el desorden restante con compasión y comprensión. La autocompasión se convierte en la escoba que barre las dudas y las inseguridades, mientras que el perdón actúa como una mopa que lava las manchas de resentimiento y dolor.

Lograr la autocompasión y el perdón no significa que nuestra casa interior se vuelva impecable y sin defectos. Reconoce que nuestra humanidad implica imperfección y crecimiento continuo. Sin embargo, al integrar estas prácticas en nuestras vidas, creamos una base para el bienestar emocional y la autoconciencia. Estamos mejor preparados para navegar por las diferentes habitaciones de nuestra casa interior, sabiendo que siempre puede haber nuevos desafíos por abordar. Sin embargo, a través de la autocompasión y el perdón, desarrollamos resiliencia y un profundo sentido de autoaceptación, convirtiéndonos en los cuidadores de nuestra casa interior con una nueva fuerza y elegancia.

Sección 1: Cómo lograr la autocompasión.

1. Reconoce la necesidad de autocompasión:

En el proceso de limpiar la casa mental y lograr el crecimiento personal, reconocer la necesidad de autocompasión es un primer paso crucial. A menudo, podemos ser nuestros críticos más duros, constantemente regañándonos por supuestas deficiencias o errores pasados. Esta mentalidad autocritica crea un entorno interno de juicio y negatividad, obstaculizando nuestra capacidad para abordar eficazmente el desorden emocional y limitando nuestro potencial de crecimiento.

Al reconocer la necesidad de autocompasión, abrazamos la comprensión de que somos seres humanos con fallas e imperfecciones. Es natural experimentar desafíos y contratiempos en nuestro camino hacia el crecimiento personal. En lugar de insistir en la autocrítica, la autocompasión nos anima a tratarnos con amabilidad, comprensión y aceptación. Esta mentalidad compasiva se convierte en la escoba que barre las telarañas de la duda y la culpa, despejando el camino para una transformación positiva.

Cuando extendemos la autocompasión hacia nosotros mismos, creamos un entorno propicio para la curación y el bienestar emocional. Es como abrir las ventanas de nuestra casa mental, permitiendo que entre aire fresco y luz solar. Con la autocompasión, nos liberamos del peso de los arrepentimientos pasados y el equipaje emocional, creando espacio para el crecimiento personal y la renovación.

Sentirnos en nuestro mejor estado proviene de la práctica de la autocompasión, ya que fomenta un profundo sentido de autoconciencia y autoaceptación. En lugar de buscar constantemente validación externa o compararnos con otros, la autocompasión nos permite encontrar satisfacción y plenitud dentro de nosotros mismos. A medida que cultivamos la autocompasión, nos sintonizamos más con nuestras emociones y necesidades, lo que nos lleva a un sentido más fuerte de identidad y autoconfianza.

Reconocer la necesidad de la autocompasión es un paso transformador en la limpieza de la casa mental, abriendo la puerta al crecimiento personal y a sentirnos en nuestro mejor estado. Con la autocompasión como nuestro principio rector, nos tratamos con amabilidad y comprensión, liberándonos del peso de la autocrítica y el auto juicio. Al nutrir la autocompasión dentro de nosotros, creamos un terreno fértil para la curación emocional, el crecimiento y un profundo sentido de autovalor. Es a través de este viaje compasivo que realmente podemos descubrir y abrazar nuestro mejor ser.

2. Práctica Diaria de Autocompasión:

La práctica diaria de autocompasión es un ritual transformador que nutre nuestro bienestar emocional y fomenta una conexión más profunda con nosotros mismos. Al dedicar tiempo cada día para cultivar la autocompasión, creamos un espacio sagrado dentro de nuestras mentes y corazones. Esta práctica se convierte en una fuerza suave y guía que nos apoya a través de los desafíos de la vida y nos ayuda a navegar por nuestra casa interior con gracia.

En la práctica diaria de autocompasión, comenzamos reservando momentos de quietud y reflexión. Creamos un oasis tranquilo donde podemos centrarnos y dirigirnos hacia adentro. Tomando respiraciones profundas, nos enraizamos en el momento presente, invitando a una sensación de calma y claridad. Al centrarnos, establecemos una base para la práctica que nos permite sumergirnos por completo en la autocompasión.

Durante esta práctica, conscientemente reconocemos nuestras emociones y experiencias sin juzgar. Nos acercamos a nosotros mismos con un corazón abierto, abrazando toda la gama de nuestros sentimientos, incluso los incómodos. En lugar de rechazar las emociones negativas, las tratamos con ternura, reconociendo que son una parte natural del ser humano. Al hacerlo, validamos nuestras emociones y nos liberamos de la presión de siempre necesitar parecer fuertes o tenerlo todo bajo control.

A través de la práctica diaria de autocompasión, desarrollamos un diálogo interno compasivo. Nos sintonizamos con nuestra voz interna, reemplazando los pensamientos autocríticos con palabras amables y alentadoras. En lugar de reprendernos por errores, nos ofrecemos palabras de consuelo y comprensión. Esta voz interna compasiva se convierte en la escoba que barre el desorden de la duda y la culpa, creando un espacio enriquecido para el crecimiento emocional y la aceptación de uno mismo.

A medida que cultivamos la práctica diaria de autocompasión, tejemos un tapiz de autocuidado y amor propio en nuestras vidas. Esta práctica sirve como una luz guía, iluminando nuestro camino hacia el crecimiento personal y la curación. Nos capacita para ser amables con nosotros mismos, abrazar nuestras vulnerabilidades y encontrar fuerza en nuestras imperfecciones. Con cada día de práctica de autocompasión, profundizamos nuestra conexión con nosotros mismos, sintonizándonos más con nuestras necesidades y emociones. Este ritual diario se convierte en la luz de compasión que nos guía hacia el profundo viaje de autodescubrimiento y transformación interna.

Actividad 3.1 Autocompasión:

Reserva tiempo dedicado cada día para la práctica de la autocompasión. Encuentra un espacio tranquilo donde puedas reflexionar y centrarte en cultivar la autocompasión. Respira profundamente y repite afirmaciones compasivas, como:

Soy merecedor/a de amor y amabilidad, tal como soy.

Me perdono por los errores del pasado y abrazo mis imperfecciones con compasión.

Tengo permitido sentir mis emociones sin juicio ni crítica.

Soy fuerte y resiliente, capaz de superar los desafíos de la vida.

Me trato con la misma amabilidad que ofrecería a un querido amigo.

Soy digno/a de autocuidado y priorizo mi bienestar sin culpa.

Libero la necesidad de perfección y me acepto como una obra en progreso.

Honro mis límites y abogo por mis necesidades con amor y respeto.

Aprecio mi singularidad y valoro los dones que aporto al mundo.

No estoy definido/a por mi pasado; puedo crear un nuevo camino de autocompasión y crecimiento.

Elijo la autocompasión sobre la autocrítica, sabiendo que es la clave para mi bienestar emocional.

Confío en mi capacidad para enfrentar los desafíos de la vida con gracia y fuerza.

Merezco felicidad y plenitud en todos los aspectos de mi vida.

Soy suficiente, tal como soy, y merezco ser tratado/a con amabilidad y respeto.

Libero la necesidad de compararme con otros y abrazo mi propio camino con amor.

Estoy en control de mi narrativa interna y elijo hablarme con amor y aliento.

Dejo ir el diálogo interno negativo y lo reemplazo con palabras afirmativas y motivadoras.

Soy merecedor/a de autocompasión, sin importar mis errores o experiencias pasadas.

Abrazo mi vulnerabilidad como una señal de fortaleza y autenticidad.

Elijo enfocarme en mi progreso y crecimiento, celebrando cada paso del camino.

Recuerda que las afirmaciones de autocompasión pueden personalizarse según tus necesidades y creencias. Elige las que más te resuenen y repítelas regularmente para reforzar una mentalidad compasiva y nutrir tu bienestar emocional.

Crear afirmaciones de autocompasión nuevas y más personalizadas.

_____

_____

_____

_____

_____

_____

_____

_____

CAFÉ CON MIS DEMONIOS.

_____

_____

_____

_____

_____

_____

_____

_____

_____

_____

3. Abrazar las imperfecciones con amabilidad:

Abrazar las imperfecciones con amabilidad es una práctica fortalecedora que nos permite liberarnos de las cadenas de la autocrítica y cultivar un sentido más profundo de autoaceptación. En un mundo que a menudo glorifica la perfección y los logros, es fácil caer en la trampa de esforzarnos por un estándar irreal. Sin embargo, al reconocer que la perfección es un ideal inalcanzable, nos abrimos a la belleza de nuestras imperfecciones y al crecimiento que proviene de abrazarlas.

Cuando abordamos nuestras imperfecciones con amabilidad, nos liberamos del peso del autodesprecio. En lugar de criticarnos por nuestras supuestas fallas, nos tratamos con la misma dulzura y comprensión que ofreceríamos a un querido amigo. Esta perspectiva compasiva se convierte en un bálsamo calmante para nuestra autoestima, permitiéndonos construir una relación más positiva y nutritiva con nosotros mismos. Abrazar las imperfecciones con amabilidad también implica reconocer que cometer errores es una parte natural de ser humano. En lugar de ver los errores como fracasos, los reenmarcamos como oportunidades para aprender y crecer. Cada paso en falso se convierte en una valiosa lección que nos impulsa hacia adelante en nuestro camino hacia el desarrollo personal y el autodescubrimiento.

Esta práctica de abrazar las imperfecciones con amabilidad va más allá de nosotros mismos y afecta también cómo vemos a los demás. Cuando aprendemos a ser compasivos hacia nuestras propias imperfecciones, nos volvemos más empáticos y comprensivos con las imperfecciones de los demás. En lugar de juzgar o criticar a los demás por sus defectos, reconocemos su humanidad y les ofrecemos la misma amabilidad y comprensión que buscamos para nosotros mismos.

Abrazar las imperfecciones con amabilidad es una práctica transformadora que nos libera de la carga de la perfección y fomenta un sentido más profundo de autocompasión. Nos permite abrazar a nuestro yo auténtico, con todas nuestras peculiaridades y deficiencias, y ver la belleza en nuestras imperfecciones humanas. A medida que cultivamos esta práctica, creamos un espacio nutritivo dentro de nosotros mismos, donde florece el amor propio y la autoaceptación, allanando el camino para el crecimiento personal y una perspectiva más compasiva de la vida.

4. Cultivar un diálogo Interno autocompasivo:

Cultivar un diálogo interno autocompasivo es una poderosa práctica que transforma nuestro diálogo interno y moldea nuestro bienestar emocional. En lugar de ser prisioneros de un crítico interno severo, aprendemos a convertirnos en nuestra mayor fuente de apoyo y aliento. El diálogo interno autocompasivo implica hablarnos a nosotros mismos con amabilidad, comprensión y paciencia, especialmente en momentos difíciles o cuando enfrentamos contratiempos.

Cuando practicamos el diálogo interno autocompasivo, nos volvemos conscientes de nuestra narrativa interna. Prestamos atención al lenguaje que usamos al hablarnos a nosotros mismos y reemplazamos conscientemente los pensamientos autocríticos por palabras compasivas. En lugar de criticarnos por errores o supuestas deficiencias, nos brindamos palabras de consuelo y comprensión. Este cambio en el diálogo interno se convierte en la escoba que barre las telarañas de la auto duda y el juicio negativo, creando un espacio nutritivo para el crecimiento emocional y la sanación.

Además, el diálogo interno autocompasivo nos capacita para ser nuestro propio aliado y defensor. Nos volvemos más conscientes de nuestras necesidades y emociones, tratándonos con el mismo cuidado y comprensión que extenderíamos a un querido amigo. Al hablarnos con amor y aliento, cultivamos un sentido de autovalía y construimos resiliencia frente a los desafíos de la vida.

Practicar el diálogo interno autocompasivo también nos permite cambiar nuestra perspectiva sobre los errores y los fracasos. En lugar de verlos como un reflejo de nuestro valor, los vemos como oportunidades para el crecimiento y el aprendizaje. Aceptamos la comprensión de que cometer errores es una parte natural del ser humano y que nadie es perfecto. Esta mentalidad compasiva se convierte en la fuerza guía que nos apoya a través de los altibajos de la vida, ayudándonos a navegar por nuestra casa interna con gracia y autoaceptación.

Cultivar un diálogo interno autocompasivo es una práctica transformadora que moldea el paisaje de nuestro mundo interno. Nos capacita para convertirnos en nuestra propia fuente de compasión y apoyo, nutriendo nuestro bienestar emocional y fomentando un sentido más profundo de autoaceptación. A medida que practicamos el diálogo interno autocompasivo, nos liberamos de la carga de la autocrítica y creamos un espacio nutritivo para el crecimiento personal y el autodescubrimiento. Con cada palabra de amabilidad y comprensión que nos ofrecemos, construimos una base más sólida para la resiliencia, el empoderamiento personal y un profundo sentido de amor propio.

Actividad 3.2:

Lee los siguientes escenarios y aprende del diálogo Interno autocompasivo. Después de leerlos, tómate un tiempo para identificar cualquier narrativa negativa y repetitiva actual que pueda estar "sonando" (llamo a la Narrativa Interna la música de la casa interna) y contrarréstala con un Diálogo Interno Autocompasivo:

Escenario 1: Diálogo interno negativo - "Soy un fracaso. No puedo creer que lo arruiné de nuevo. Nunca lo haré bien." Reformúlalo a diálogo Interno autocompasivo - "Cometer errores es parte de ser humano. Está bien tropezar a veces. Puedo aprender de esta experiencia y usarla como una oportunidad para crecer y mejorar."

Escenario 2: Diálogo interno negativo - "Soy tan tonto por no entender esto. Nunca seré lo suficientemente bueno." Reformúlalo a Diálogo Interno Autocompasivo - "Es normal encontrar ciertas cosas desafiantes. Soy capaz de aprender y crecer. Seré paciente conmigo mismo y buscaré apoyo si es necesario."

Escenario 3: Diálogo interno negativo - "A nadie le caigo bien. Soy antipático e indigno de amor y amistad." Reformúlalo a Diálogo Interno Autocompasivo - "Sentirse desconectado de los demás es una experiencia humana común. Soy digno de amor y pertenencia, tal como soy. Puedo dar pasos para nutrir y construir conexiones significativas."

Escenario 4: Diálogo interno negativo - "Nunca seré tan exitoso como los demás. Soy un fracaso comparado con ellos." Reformúlalo a Diálogo Interno Autocompasivo - "Compararme con otros no me beneficia. El viaje de cada persona es único, y estoy en mi propio camino. Celebro mis logros y me enfoco en mi crecimiento personal y progreso."

Escenario 5: Diálogo interno negativo - "No puedo creer que haya decepcionado a todos. Soy tan inútil." Reformúlalo a Diálogo Interno Autocompasivo - "Sentirse abrumado e incapaz de cumplir con las expectativas de todos es normal. No soy perfecto, y está bien. Comunicaré mis límites y me enfocaré en hacer lo mejor que pueda."

Escenario 6: Diálogo interno negativo - "Soy tan torpe y raro. Nadie quiere estar cerca de mí." Reformúlalo a Diálogo Interno Autocompasivo - "Tengo cualidades únicas que me hacen ser quien soy. Está bien ser diferente. Me acepto y aprecio mi individualidad."

Escenario 7: Diálogo interno negativo - "Debería haber sabido mejor. Soy tan ingenuo." Reformúlalo a Diálogo Interno Autocompasivo - "La retrospectiva es una maestra valiosa. Se me permite cometer errores y aprender de ellos. Seré amable conmigo mismo y usaré esta experiencia para tomar decisiones más sabias en el futuro."

Escenario 8: Diálogo interno negativo - "Soy tan débil por sentirme así. Debería ser más fuerte." Reformúlalo a Diálogo Interno Autocompasivo - "Sentirse vulnerable es parte de ser humano. Puedo ser gentil conmigo mismo y reconocer mis emociones sin juicio. Mis sentimientos son válidos, y me daré el espacio y el tiempo para procesarlos."

En cada uno de estos escenarios, el acto de reformular el diálogo interno negativo a un diálogo interno autocompasivo implica ofrecer comprensión, amabilidad y aceptación hacia uno mismo. Requiere reconocer la humanidad de cometer errores, enfrentar desafíos y tener emociones. Al cultivar un diálogo interno autocompasivo, nos liberamos de la carga de la autocrítica y creamos un espacio nutritivo para el crecimiento personal, la sanación y la autoaceptación.

Nota Personal: A medida que emprendas el viaje de cultivar la autocompasión y limpiar tu casa interna, recuerda que el camino puede estar lleno de desafíos y contratiempos. Sé paciente contigo mismo y abraza cada paso del proceso. La fortaleza que obtienes de la autocompasión te permitirá enfrentar tus demonios con valentía, empatía y comprensión. Abrazar tus vulnerabilidades te permitirá construir conexiones más profundas contigo mismo y con los demás. "Café con mis demonios" se convierte en un diálogo transformador, donde confrontas y sanas heridas pasadas, encontrando liberación y empoderamiento. Con la autocompasión como tu escoba, barres el desorden de la autoduda y la negatividad, creando espacio para el crecimiento, la resiliencia y un profundo sentido de paz interior. Mientras tomas tu café con tus demonios, recuerda que no estás definido por tu pasado, sino por la fuerza de tu autocompasión y el amor que ofreces a ti mismo y al mundo.

CAPÍTULO 4: EL PERDÓN.

El perdón es un profundo acto de limpieza emocional que está directamente relacionado con la limpieza de nuestra casa interna. Así como las telarañas se acumulan en rincones olvidados de nuestro espacio de vida físico, el desorden emocional y los resentimientos no resueltos se acumulan en los recovecos de nuestras mentes y corazones. Cuando elegimos perdonar, manejamos el poder de una potente lipieza, eliminando las manchas de heridas pasadas y rencores que pueden haber perdurado por demasiado tiempo. Este acto liberador nos permite crear espacio para la sanación y la renovación dentro de nosotros mismos.

Al abrazar el perdón, recuperamos el papel de maestros y portadores de la llave de nuestra casa interna. En lugar de estar atados por las cadenas del resentimiento, nos convertimos en arquitectos de nuestro paisaje emocional, dándole forma con compasión y comprensión. Como maestros, reconocemos que, aunque pueda haber algunos demonios y habitaciones que limpiar, el acto de perdonar actúa como una luz guía que nos lleva hacia un camino de auto empoderamiento. No se trata de borrar el pasado o fingir que las heridas nunca existieron, sino de transformar nuestra relación con el dolor y liberarnos de su agarre.

El perdón nos otorga la libertad de reescribir nuestra narrativa interna, de reproducir la música que queremos y necesitamos en nuestra casa interna. Ya no nos definimos únicamente por nuestras experiencias pasadas o las acciones de otros. En cambio, vemos nuestra casa interna como un lienzo en evolución, moldeado por la compasión y la autoaceptación. Este nuevo dominio nos permite navegar por las diferentes habitaciones de nuestra mente y corazón con valentía y resiliencia, sabiendo que tenemos la fuerza para enfrentar a los demonios que aún pueden residir allí. Incluso cuando algunos rincones de nuestra casa interna pueden requerir más atención y limpieza, el perdón nos otorga la sabiduría para enfrentar estas áreas con gracia y compasión. Reconocemos que somos una obra en progreso, y eso está perfectamente bien.

El perdón nos permite enfrentar los desafíos que se avecinan con un sentido de paz interior, sabiendo que no estamos definidos por nuestros errores pasados o el dolor que hemos soportado. El perdón es la el poder que limpia nuestra casa interna, liberándonos de las cargas del resentimiento y el desorden emocional. Lograr el perdón nos convierte en los maestros de nuestro paisaje emocional, permitiéndonos enfrentar a nuestros demonios con valentía y compasión. Al abrazar el perdón, nos liberamos de las limitaciones del pasado y nos abrimos a un viaje de sanación y crecimiento. Recuerda que el perdón no se trata de borrar el pasado, sino de moldear nuestro presente y futuro con amabilidad y comprensión. Al abrazar el perdón, encontramos empoderamiento, resiliencia y un profundo sentido de autoamor que nos permite convertirnos en arquitectos de nuestra casa interna y autores de nuestro propio viaje transformador.

Sección 1: Cómo cultivar el perdón.

Paso 1: Reconocer el peso del resentimiento.

El resentimiento es una carga emocional que llevamos

dentro de nosotros, surgiendo a menudo a partir de heridas pasadas, desilusiones o injusticias percibidas. Se arraiga en los rincones de nuestra mente y corazón, acumulándose como polvo y telarañas en una habitación ignorada de nuestra casa mental. El resentimiento puede ser un invitado persistente, envenenando nuestros pensamientos y emociones, y obstaculizando nuestra capacidad para experimentar una verdadera libertad emocional y paz interior. Reconocer el resentimiento es un paso importante para limpiar nuestra casa mental. Requiere coraje y autoconciencia para enfrentar el dolor y la incomodidad que puedan acompañarlo.

El resentimiento a menudo surge de expectativas no cumplidas, sentimientos de traición o la percepción de que hemos sido perjudicados. Al reconocer el resentimiento, arrojamos luz sobre las emociones que han estado escondidas en las sombras, permitiéndonos enfrentarlas de frente. Al reconocer el resentimiento, nos concedemos el permiso de sentir el dolor y reconocer su impacto en nuestro bienestar emocional.

Este acto de reconocimiento es como abrir las ventanas de nuestra casa interna, permitiendo que entre aire fresco y luz. En lugar de enterrar estas emociones en lo más profundo, las llevamos al primer plano de nuestra conciencia, reconociendo que son una parte válida de nuestra experiencia humana. Afrontar el resentimiento no es una tarea fácil, pero sí transformadora. Nos permite comprender las heridas que necesitan sanación y las áreas de nuestra casa interna que requieren limpieza. Así como un proceso de limpieza minucioso puede ser liberador y refrescante, reconocer el resentimiento allana el camino para la liberación emocional y el potencial para el perdón y el crecimiento.

El resentimiento es una carga emocional que puede pesar mucho en nuestra casa interna. Reconocer su presencia es un acto de valentía y autocompasión, que nos permite enfrentar el dolor y las emociones que han estado escondidos en las sombras. Al arrojar luz sobre el resentimiento, creamos el espacio para la sanación y la renovación, abriendo las puertas al perdón y la libertad emocional. Abraza el proceso de reconocer el resentimiento y encontrarás que es un paso poderoso para recuperar el dominio sobre tu casa interna y fomentar un profundo sentido de paz interior y bienestar.

Paso 2: Reflexiona sobre el impacto de la falta de perdón.

Tómate tiempo para reflexionar sobre el impacto de aferrarte a rencores y albergar resentimientos. ¿Cómo ha afectado tu bienestar mental y emocional? ¿Cómo ha impactado tus relaciones con los demás? Comprende que el perdón es un regalo que te das a ti mismo, liberando la carga de la negatividad y permitiendo espacio para la sanación y el crecimiento.

Ejemplo de Escenario: Piensa en un conflicto pasado con un amigo o miembro de la familia que todavía provoca emociones negativas. Reconoce cómo mantener este resentimiento te ha causado angustia emocional y ha afectado tu relación con esa persona.

Paso 3: Cultivar la empatía y la comprensión.

Cultivar la empatía y la comprensión es una práctica transformadora que abre las puertas a la compasión y la conexión. Al igual que cuidar de un delicado jardín, este proceso requiere paciencia, atención y disposición para nutrir las semillas de empatía dentro de nosotros mismos.

Comienza dirigiendo nuestra atención hacia adentro y practicando la autoempatía. Esto implica estar atentos a nuestras propias emociones y experiencias sin juzgar. Al extender amabilidad y comprensión hacia nosotros mismos, sentamos las bases para ofrecer lo mismo a los demás. La autoempatía actúa como un espejo que refleja nuestra capacidad para la compasión, permitiéndonos reconocer nuestra humanidad compartida y vulnerabilidad.

Para cultivar la empatía y la comprensión, también debemos estar presentes y completamente comprometidos cuando interactuamos con los demás. La escucha activa es un aspecto clave de esta práctica. Cuando escuchamos con un corazón abierto y sin juzgar, creamos un espacio seguro para que otros expresen sus sentimientos y experiencias. Al escuchar sinceramente sus palabras, reconocemos sus emociones y validamos sus perspectivas.

Además, sumergirnos en experiencias y perspectivas diversas es esencial para ampliar nuestra capacidad de empatía. Participar en diferentes culturas, antecedentes e historias expande nuestra comprensión de la experiencia humana. Nos permite reconocer que hay muchas formas de navegar por la vida y que el viaje de cada persona está moldeado por circunstancias únicas.

En momentos de conflicto o malentendido, la empatía se convierte en un puente que fomenta la comprensión y la conexión. En lugar de reaccionar defensivamente o de manera despectiva, nos esforzamos por ver el mundo a través de los ojos de los demás, reconociendo sus sentimientos e intenciones. La empatía nos permite salir de nuestras propias experiencias y apreciar las complejidades de la realidad de otra persona.

Practicar la empatía y la comprensión no solo enriquece nuestras conexiones con los demás, sino que también fortalece nuestro propio bienestar emocional. Cuando abrazamos la empatía, liberamos las limitaciones del juicio y creamos un entorno armonioso dentro de nosotros mismos. Desarrollamos un sentido más profundo de compasión, que sirve como base para el crecimiento personal y relaciones significativas.

Cultivar la empatía y la comprensión es una práctica delicada que requiere cuidado y atención plena. Al regar las semillas de empatía dentro de nosotros mismos, cultivamos un jardín abundante de compasión y conexión. Al ofrecer autoempatía, escuchar activamente a los demás, buscar perspectivas diversas y abrazar la empatía en momentos de conflicto, nos convertimos en los arquitectos de un mundo más compasivo. La empatía es una fuerza poderosa que nutre nuestra casa interior, fomentando un profundo sentido de unidad y creando un jardín de comprensión que florece con cada acto de amabilidad y compasión.

Actividad 4.1

Imagina ponerte en el lugar de la persona que te hizo daño. Piensa en las posibles razones o experiencias de vida que podrían haber influido en sus acciones, ayudándote a empatizar con sus luchas.

_____

_____

_____

_____

_____

_____

_____

Paso 4: Liberarse de la necesidad de venganza.

Liberarse de la necesidad de venganza es un acto de profunda liberación emocional que nos permite liberarnos de las cadenas de la negatividad. Así como sostener un carbón caliente quema nuestras manos, aferrarnos a pensamientos de venganza quema nuestros corazones, perpetuando un ciclo de dolor y sufrimiento. Para soltar este impulso destructivo, debemos abrazar el poder transformador del perdón y la compasión.

Un paso esencial hacia la liberación de la necesidad de venganza es cambiar nuestro enfoque de buscar represalias a buscar sanación. Comprende que buscar venganza solo perpetúa un ciclo de dolor y negatividad, enredándonos aún más en una red de resentimiento. En cambio, redirige tu energía hacia el autocuidado y el crecimiento personal. Abraza el perdón como una llave que desbloquea la puerta hacia la libertad emocional.

Otro aspecto crucial de liberar la necesidad de venganza es cultivar empatía y comprensión. Trata de ponerte en los zapatos de la persona que te ha causado daño. Reconoce que cada uno lleva sus propias cargas y luchas, y a veces, sus acciones pueden ser un reflejo de su propio dolor. Al reconocer las complejidades del comportamiento humano, nos alejamos del camino de la venganza y caminamos hacia el camino de la comprensión.

Además, practica la autocompasión mientras navegas por el proceso de liberar la necesidad de venganza. Sé amable contigo mismo y reconoce que soltar emociones tan intensas puede no ocurrir de la noche a la mañana. Abraza el viaje de sanación y crecimiento, dándote el tiempo y el espacio para soltar suavemente el agarre de la venganza.

Por último, reemplaza los pensamientos de venganza con pensamientos de compasión. En lugar de desear mal a quienes te han hecho daño, extiéndeles deseos por su bienestar y crecimiento. Este acto de compasión es como plantar semillas de amabilidad en tu corazón, nutriendo el crecimiento de la paz interior y la libertad emocional.

Liberarse de la necesidad de venganza es un acto valiente de empoderamiento personal y sanación emocional. Al cambiar nuestro enfoque hacia el perdón, cultivar empatía y practicar la autocompasión, desmantelamos el agarre de la venganza dentro de nosotros mismos. En este acto de soltar, creamos espacio para que florezca el perdón y sembramos las semillas de una casa interior más compasiva y armoniosa. Recuerda, liberarse de la necesidad de venganza no nos hace débiles; nos hace fuertes, resistentes y los maestros de nuestras emociones, capaces de forjar un camino de sanación y libertad emocional.

Paso 5: Abrazar la autocompasión.

Abrazar la autocompasión es un viaje suave y transformador que nos invita a tratarnos a nosotros mismos con la misma amabilidad y comprensión que ofreceríamos a un niño amado. Implica cultivar una relación nutritiva con nosotros mismos, libre de autocrítica y juicio. Así como un jardinero cuidadoso atiende a flores delicadas, debemos atender nuestro jardín interior con amor y compasión.

Un paso esencial para abrazar la autocompasión es tomar conciencia de nuestro diálogo interno. Observa el tono y el lenguaje que utilizas al hablar contigo mismo. Si te encuentras siendo demasiado crítico o duro, redirige suavemente tus pensamientos con palabras de autocompasión. Trátate con la misma calidez y aliento que extenderías a alguien por quien sientes un profundo afecto.

Para abrazar la autocompasión, también debemos reconocer que ser imperfecto es una parte natural de ser humano. En lugar de esforzarte por un estándar inalcanzable de perfección, celebra tu singularidad y acepta que eres suficiente tal como eres. Abraza la belleza de tus fallas y peculiaridades, ya que te hacen quien eres.

Además, practicar la autocompasión implica ser amable contigo mismo durante momentos de dificultad o fracaso. En lugar de criticarte por los errores, trátate con ternura y comprensión. Abraza la autocompasión como un bálsamo reconfortante para tus heridas emocionales, permitiéndote el espacio para sanar y crecer.

Otro aspecto vital de la autocompasión es establecer límites saludables y priorizar el autocuidado. Reconoce que no es egoísta cuidar de tu propio bienestar; es un acto de amor propio. Abraza la autocompasión como una brújula guía que te lleva a tomar decisiones que honran y nutren tus necesidades emocionales y físicas.

Abrazar la autocompasión es un viaje de

autodescubrimiento y crecimiento. Al cultivar una relación amorosa y comprensiva con nosotros mismos, creamos un espacio seguro y saludable en nuestro interior. Recuerda que la autocompasión no es un destino que alcanzar, sino una práctica de por vida para abrazar. A medida que cuidas las delicadas flores de la autocompasión en tu interior, descubrirás que el paisaje de tu mundo interior se transforma en un lugar de aceptación, amor y profundo empoderamiento personal. Abraza la autocompasión como un regalo para ti mismo y descubrirás la belleza de tu ser auténtico y el pozo ilimitado de compasión que reside en ti.

Paso 6: Practica los rituales de perdón.

Incorpora rituales de perdón en tu vida diaria para reforzar la práctica. Esto podría implicar escribir cartas de perdón (aunque no las envíes), meditar sobre el perdón o participar en ejercicios de perdón. Tales rituales pueden actuar como el paño que limpia las manchas del pasado dolor, creando espacio para la sanación y el crecimiento emocional.

Ejemplo de Escenario: Escribe una carta de perdón a alguien que te haya herido, expresando tus sentimientos e intenciones para dejar ir el resentimiento. Este acto de escribir puede ayudar a liberar las emociones acumuladas e iniciar el proceso de perdón.

Notas Personales: El perdón es una herramienta poderosa que nos permite limpiar nuestra casa interior y liberarnos del peso del pasado. Al cultivar el perdón, limpiamos las manchas persistentes de resentimiento y rencor, creando un entorno nutritivo para la sanación y el crecimiento emocional. Recuerda que el perdón no es una señal de debilidad, sino un acto valiente de empoderamiento personal. Al abrazar el perdón, nos convertimos en los maestros de nuestra casa interior, capaces de enfrentar a nuestros demonios con fuerza y compasión. Mientras nos sentamos a tomar café con nuestros demonios, nos acercamos a ellos no con miedo, sino con el conocimiento de que el perdón ha transformado nuestro paisaje interior en un lugar de resiliencia, sanación y empoderamiento. Abraza el poder del perdón y encontrarás liberación, compasión y una conexión más profunda contigo mismo y con los demás.

Actividad 4.2 Liberar el resentimiento.

Tómate unos momentos para sentarte en un espacio tranquilo y cómodo. Toma un bolígrafo y usa el espacio proporcionado en este libro para tu viaje. Esta actividad te ayudará a reconocer y enfrentar cualquier sentimiento persistente de resentimiento que pueda estar acechando en las esquinas de tu mente y corazón.

Comienza cerrando los ojos y tomando algunas respiraciones profundas. Permítete llevar tu atención a tus emociones y pensamientos. Reflexiona sobre cualquier experiencia reciente o eventos pasados que te hayan dejado sintiéndote herido, decepcionado o perjudicado. Observa si surgen sentimientos de resentimiento durante esta reflexión. Abre tus ojos y comienza a escribir. Sé honesto y vulnerable contigo mismo mientras pones el bolígrafo sobre el papel.

Escribe sobre los eventos o situaciones específicas que hayan desencadenado sentimientos de resentimiento. Describe cómo te hicieron sentir estas experiencias y cómo han impactado tus emociones y pensamientos. Mientras escribes, recuerda ser compasivo contigo mismo. Reconoce que es normal experimentar resentimiento y que es una emoción válida. Evita juzgarte por sentirte de esta manera y, en cambio, ofrécete amabilidad y comprensión.

Una vez que hayas terminado de escribir, tómate un momento para releer lo que has escrito. Observa cualquier patrón o temas recurrentes en tus sentimientos de resentimiento. Esta reflexión puede ayudarte a obtener una idea de las causas profundas de tus emociones.

Al terminar la actividad, recuerda que reconocer el resentimiento es un acto valiente de autoconciencia y sanación. Al enfrentar estas emociones, estás dando el primer paso para liberar su control sobre ti y crear espacio para el perdón y el crecimiento emocional. Recuerda que esta actividad es una exploración personal y no hay una forma correcta o incorrecta de abordarla. Permítete ser gentil y paciente mientras navegas por tus sentimientos de resentimiento. Puede que descubras que con cada reconocimiento, estás acercándote un poco más a limpiar tu casa interior y encontrar una sensación de paz interior.

Actividad 4.2 Liberar el resentimiento.

_____
_____
_____
_____
_____
_____
_____
_____
_____
_____
_____
_____
_____
_____
_____
_____
_____

CAPÍTULO 5:

CULTIVANDO LA

RESILIENCIA.

Has llegado al Capítulo 5 de "Café con Mis Demonios". En este capítulo, nos adentramos en la habilidad esencial de cultivar la resiliencia, la sólida base sobre la cual podemos navegar por los desafíos y contratiempos inevitables de la vida. Así como una casa bien construida se mantiene firme ante las tormentas, la resiliencia emocional nos capacita para recuperarnos de la adversidad y encontrar fuerza en medio de las dificultades.

La resiliencia no es un rasgo innato; es una habilidad que puede ser cultivada y fortalecida mediante estrategias basadas en evidencia. La investigación ha demostrado que las personas que poseen niveles más altos de resiliencia están mejor equipadas para enfrentar el estrés, adaptarse al cambio y mantener el bienestar emocional incluso en momentos difíciles. La buena noticia es que todos podemos aprovechar el poder de la resiliencia dentro de nosotros mismos.

Una estrategia fundamental para construir la resiliencia emocional es la práctica del replanteamiento positivo. Esto implica cambiar activamente nuestra perspectiva y enfocarnos en las oportunidades de crecimiento y aprendizaje en situaciones desafiantes. Al cultivar una perspectiva optimista, podemos reprogramar nuestras mentes para ver los obstáculos como escalones, empoderándonos para avanzar con valentía y determinación.

Otro enfoque basado en evidencia para fortalecer la resiliencia es desarrollar un sólido sistema de apoyo. Así como una casa depende de una estructura sólida, nosotros también necesitamos una red de relaciones de apoyo para sobrellevar las tormentas de la vida. Rodearnos de personas comprensivas y solidarias puede brindarnos una sensación de consuelo y estímulo durante los momentos difíciles, recordándonos que no estamos solos en nuestras luchas.

¿Pero qué pasa si estamos solos? Algunos de nosotros no tenemos un sistema de apoyo obvio y necesitamos mirar un poco más profundo. Tu círculo podría ser un grupo de apoyo de uno o dos miembros, y eso es suficiente.

La atención plena y la autocompasión también desempeñan roles cruciales en el cultivo de la resiliencia. Mediante la práctica de la atención plena, nos sintonizamos con nuestras emociones y pensamientos sin juzgar, lo que nos permite responder a los desafíos con claridad y ecuanimidad. Por otro lado, la autocompasión fomenta un santuario interno de amabilidad y aceptación. Abrazar la autocompasión en momentos difíciles nos otorga la fortaleza para perseverar y nutrir una sensación de paz interior.

Además, aprender de los contratiempos y fracasos se convierte en un valioso peldaño en el cultivo de la resiliencia. En lugar de ver estas experiencias como derrotas, se transforman en oportunidades de crecimiento y autodescubrimiento. Abrazar una mentalidad de crecimiento nos permite ver los obstáculos como bloqueos temporales que pueden superarse con determinación y esfuerzo.

Cultivar la resiliencia es la base para superar los desafíos de la vida y encontrar fuerza en medio de la adversidad. A través de estrategias basadas en evidencia, como el replanteamiento positivo, construir un sistema de apoyo, practicar la atención plena y la autocompasión, y adoptar una mentalidad de crecimiento, podemos fortalecer nuestra casa interna para resistir las pruebas de la vida. Recuerda, la resiliencia no se trata de evitar dificultades, sino de desarrollar las herramientas para recuperarnos y prosperar a pesar de ellas. A medida que abrazas la práctica de la resiliencia, descubrirás que posees una capacidad inquebrantable para enfrentar los demonios de la vida y salir más fuerte, más sabio y más resiliente que nunca antes.

Actividad 5: Cultivando la resiliencia.

Tómate un momento para encontrar un espacio tranquilo y cómodo donde puedas reflexionar y conectarte contigo mismo/a. Toma un bolígrafo y utiliza el espacio proporcionado en este libro. Esta actividad te ayudará a cultivar la resiliencia al identificar y nutrir tus fortalezas internas.

Comienza escribiendo tres situaciones desafiantes o

contratiempos que hayas enfrentado en el pasado. Tómate tu tiempo para recordar las emociones y pensamientos que experimentaste en esos momentos. Mientras lo haces, reconoce que enfrentar dificultades es parte de la vida, y está bien sentirse vulnerable.

A continuación, junto a cada situación desafiante, escribe al menos un resultado positivo o lección que surgió de la experiencia. Reflexiona sobre cómo creciste, aprendiste o descubriste nuevas fortalezas en el proceso de superar esos obstáculos. Ahora, toma un momento para identificar tres de tus fortalezas internas que te ayudaron a navegar esos desafíos. Estas podrían ser cualidades como perseverancia, valentía, adaptabilidad o compasión. Abraza estas fortalezas como los pilares de tu resiliencia.

Por último, imagina que te enfrentas a un posible desafío futuro. Escribe cómo podrías aplicar esas fortalezas internas para navegar a través de él. Visualízate a ti mismo/a abrazando la resiliencia con confianza y determinación, confiando en tu capacidad para recuperarte de la adversidad.

Al completar esta actividad, respira profundamente y reconoce el poder que tienes dentro de ti. Así como una casa fuerte se construye ladrillo a ladrillo, tu resiliencia se cultiva paso a paso.

Al identificar tus fortalezas internas y visualizarte enfrentando desafíos con resiliencia, estás creando una mentalidad resiliente que te apoyará en tu viaje de crecimiento y transformación. Recuerda, la resiliencia no se trata solo de superar dificultades, sino de navegarlas con fortaleza, aprendizaje y la confianza en tu capacidad para enfrentar lo que venga.

Actividad 5: Cultivando la resiliencia.

_____

_____

_____

_____

_____

_____

_____

_____

_____

_____

_____

_____

_____

_____

_____

_____

_____

_____

_____

_____

_____

_____

_____

_____

_____

_____

_____

_____

Nota personal: En la sinfonía de la vida, la resiliencia es la melodía que nos empodera para renacer de las cenizas de la adversidad y bailar con gracia en medio de las tormentas. Como un hábil director de orquesta, nosotros dirigimos nuestra fortaleza interna, nutriendo nuestra resiliencia con cada nota de valentía, compasión y crecimiento. Abraza la resiliencia como la brújula inquebrantable que te guía a través de las aguas turbulentas de la vida, recordándote que tienes el poder para enfrentar cualquier tormenta que se presente en tu camino. A medida que cultivas la resiliencia, te conviertes en el compositor de tu propia sinfonía, armonizando los desafíos y triunfos en una obra maestra de fuerza, sabiduría y espíritu inquebrantable.

CAPÍTULO 6:

CULTIVANDO UNA

MENTALIDAD DE

CRECIMIENTO:

DESBLOQUEANDO

EL CAMINO HACIA

EL TRIUNFO.

En nuestra vasta casa interior yace el potencial para la transformación y el triunfo. Cultivar una mentalidad de crecimiento se convierte en la luz guía que ilumina los corredores de nuestra mente, permitiéndonos limpiar aún más nuestra casa interior, elevar cada aspecto de nuestras vidas y, en última instancia, conquistar nuestros demonios internos. Como una semilla plantada en tierra fértil, la mentalidad de crecimiento nos permite cultivar y desarrollar nuestras habilidades a través de la dedicación, el esfuerzo y la resiliencia. Este capítulo se sumerge en el profundo impacto de abrazar una mentalidad de crecimiento, explorando su papel en la navegación de los desafíos de la vida, abrazando los fracasos como escalones, y finalmente expandiéndonos más allá de nuestras limitaciones percibidas para lograr la grandeza.

Sección 1: Abrazando la mentalidad de crecimiento.

Abrazar la mentalidad de crecimiento es como dar la bienvenida a un compañero de toda la vida que nos guiará hacia el crecimiento personal y el autodescubrimiento. Así como un jardinero atento cuida las semillas del potencial, nutrimos esta mentalidad dentro de nosotros, permitiéndole florecer en una poderosa fuerza de transformación.

Para abrazar la mentalidad de crecimiento, primero debemos cultivar un sentido de curiosidad y apertura. En lugar de ver los desafíos y fracasos como obstáculos, los abordamos con sed de aprendizaje y mejora. Reconocemos que cada obstáculo es una oportunidad para obtener valiosas ideas y perfeccionar nuestras habilidades, como la poda de una planta para fomentar un nuevo crecimiento.

Luego, adoptamos un lenguaje de posibilidad y optimismo. Al reemplazar afirmaciones limitantes con afirmaciones de crecimiento y desarrollo, creamos un terreno fértil para el cambio positivo. Así como un jardín bien cuidado florece con atención y estímulo, nuestra casa interior prospera cuando creemos en nuestra capacidad de aprender y mejorar. A medida que emprendemos este viaje de crecimiento, también debemos practicar la autocompasión. Reconociendo que los contratiempos son una parte natural del proceso de aprendizaje, nos tratamos con amabilidad y comprensión, como una lluvia suave que nutre un jardín en tiempos de sequía. Con autocompasión, construimos resiliencia y fortaleza, listos para enfrentar desafíos con renovado vigor y determinación.

Además, rodearnos de personas afines que también abracen la mentalidad de crecimiento se vuelve esencial para nuestro propio desarrollo. Así como un jardín florece cuando es parte de un ecosistema próspero, nosotros también prosperamos en un entorno que fomenta el aprendizaje, apoya el crecimiento y fomenta un sentido de comunidad. Sin embargo, algunos de nosotros somos árboles solitarios. La belleza de la mayoría de los árboles solitarios radica en ser el guardián del bosque de la región, protegiendo todo lo que lo rodea, y tal vez no tenga conexión con otros árboles, pero tiene acceso a una red "invisible" de nutrición, como el micelio, que cumple un papel importante pero no siempre tangible para la flora y fauna circundante. Es perfectamente válido ser parte de un bosque de personas afines o ser un gran árbol solitario.

Abrazar la mentalidad de crecimiento es un viaje transformador que enriquece nuestra casa interior y eleva cada aspecto de nuestras vidas. Al nutrir la curiosidad, adoptar un lenguaje optimista, practicar la autocompasión y rodearnos ya sea de una comunidad de apoyo o ser el gran apoyo, allanamos el camino para el crecimiento personal y el triunfo. Al igual que una planta resistente que persevera a través de las estaciones cambiantes, nuestra mentalidad de crecimiento nos permite enfrentar los desafíos de la vida con gracia y resiliencia, convirtiéndonos en los arquitectos de nuestro propio crecimiento y autodescubrimiento.

Sección 2: Navegando el terreno de los desafíos.

Navegar el terreno de los desafíos es una odisea que nos llama a continuar en el viaje transformador de autodescubrimiento y crecimiento. Como intrépidos exploradores aventurándose en territorios desconocidos, abordamos los obstáculos de la vida con un espíritu de curiosidad y resiliencia, reconociendo que cada desafío presenta una oportunidad para aprender y evolucionar.

Para navegar el terreno de los desafíos, primero debemos abrazar una mentalidad de adaptabilidad y flexibilidad. Así como un hábil navegante ajusta el rumbo de un barco en mareas cambiantes, nosotros también permanecemos abiertos a circunstancias cambiantes y oportunidades de crecimiento. Nuestra casa interior se convierte en un barco de fortaleza, equipado para sobrellevar las tormentas con gracia y determinación.

En medio de los desafíos, cultivamos el arte de cambiar la perspectiva. Como talentosos artistas que ven belleza en cada pincelada, reinterpretamos los contratiempos como valiosas lecciones y escalones hacia el progreso. Nuestra mentalidad de crecimiento se convierte en un prisma a través del cual vemos las dificultades, refractándolas en oportunidades de aprendizaje, resiliencia y mejora personal.

Además, durante el viaje de navegar los desafíos, encontramos consuelo en practicar la atención plena y la conciencia del momento presente. Al igual que un ancla firme que ancla un barco en medio de aguas tumultuosas, la atención plena nos centra en el aquí y ahora, permitiéndonos responder a los desafíos con claridad y compostura. Nos sintonizamos con nuestras emociones y pensamientos, dirigiendo nuestra casa interior con intención y comprensión.

A medida que atravesamos el terreno de los desafíos, abrazamos la importancia de buscar apoyo en otros, o nos convertimos en una fortaleza solitaria. Al igual que una caravana que cruza vastos desiertos, viajamos con compañeros de ruta que ofrecen aliento, empatía y perspectiva. Navegar el terreno de los desafíos se convierte en una peregrinación transformadora que enriquece nuestra casa interior con resiliencia, adaptabilidad y atención plena.

Como aventureros experimentados, exploramos territorios desconocidos con la convicción de que los desafíos son catalizadores de crecimiento y autodescubrimiento. Nuestra mentalidad de crecimiento se convierte en la brújula que nos guía, llevándonos hacia el triunfo sobre las adversidades y haciéndonos más grandes que nuestros demonios internos. Abraza el terreno de los desafíos con un sentido de curiosidad y valentía, porque dentro de su vasta extensión yace el potencial no contado para el crecimiento personal y la realización de tu yo más auténtico y empoderado.

Sección 3: Expandiéndose más allá de las limitaciones.

El viaje de la vida es un tapiz tejido con hilos de desafíos, contratiempos y triunfos. Es una sinfonía de experiencias que nos moldean en los individuos que estamos destinados a ser. Sin embargo, en el flujo y reflujo de la vida, a menudo nos encontramos con limitaciones autoimpuestas que obstaculizan nuestro crecimiento y potencial. Estas limitaciones pueden manifestarse como la duda en uno mismo, el miedo al fracaso o una mentalidad fija que nos impide abrazar nuestra verdadera grandeza.

Sin embargo, dentro de cada uno de nosotros yace la capacidad de expandirse más allá de estos confines, de elevarnos hacia horizontes sin límites y de desbloquear el potencial inexplorado que llevamos dentro. El camino para expandirnos más allá de las limitaciones comienza con una mentalidad de posibilidad y abundancia. En lugar de ver los desafíos como barreras insuperables, los consideramos como escalones hacia el crecimiento y el aprendizaje. Abraza la creencia de que la vida es un viaje en constante evolución, y cada experiencia es una oportunidad para el descubrimiento y la mejora personal. El lienzo de tu vida es vasto y rebosante de potencial; depende de ti tomar el pincel y pintar tu obra maestra única.

La valentía se convierte en la antorcha que ilumina el camino hacia la expansión. Abraza la audacia y el atrevimiento, ya que dentro de la disposición de salir de la zona de confort se encuentra la puerta de acceso a posibilidades incontables. Así como un pájaro extiende sus alas para abrazar los cielos, también debemos superar los límites de lo familiar, sin miedo de explorar los territorios inexplorados del crecimiento.

En el núcleo de la expansión más allá de las limitaciones

yace el empoderamiento personal y la creencia en las propias capacidades. Reconoce que el poder para superar obstáculos y trascender limitaciones reside en ti. Apóyate en la fuerza de la resiliencia para transformar los contratiempos en escalones hacia el progreso. Abraza la mentalidad de crecimiento, donde los fracasos se ven como oportunidades para el desarrollo, y la determinación se convierte en la fuerza que te impulsa hacia adelante.

Durante este viaje transformador, forja conexiones con personas afines que te levanten y te alienten. Busca mentores, amigos o una comunidad de apoyo que celebre tu crecimiento y defienda tus esfuerzos. Así como un jardín florece bajo el cuidado de manos atentas, también lo hace tu potencial en un entorno de positividad y creencia.

Si no cuentas con un grupo de apoyo, amigos o un mentor, ten la seguridad de que este libro y todos los que están detrás de él están aquí contigo.

Expandirse más allá de las limitaciones es una profunda acción de autodescubrimiento y autorrealización. Es una danza de audacia, creencia y resiliencia que conduce a desbloquear tu potencial ilimitado. Abraza la vastedad de tus posibilidades, desecha los límites autoimpuestos y embarca en esta odisea extraordinaria. Tu casa interior se convierte en un santuario de crecimiento y transformación, un refugio de potencial ilimitado que te impulsa a triunfar sobre tus demonios internos. Acepta este viaje con un corazón abierto y un compromiso inquebrantable con tu crecimiento, porque la magia de la expansión aguarda a aquellos que se atreven a abrazar las posibilidades infinitas que yacen dentro.

Notas personales: A medida que sigas nutriendo tu mentalidad de crecimiento, recuerda que el viaje de expansión no es un destino, sino una odisea de autodescubrimiento y empoderamiento a lo largo de la vida. Abraza la belleza del aprendizaje continuo, porque el conocimiento es el viento que te impulsa hacia territorios inexplorados. Abraza la audacia y la resiliencia, porque son las alas que te llevan más allá de los límites autoimpuestos. Lo más importante es ser amable y paciente contigo mismo, porque el crecimiento es un proceso y cada paso hacia adelante, por pequeño que sea, es un triunfo. A medida que cultives el jardín de tu mente, deja que las semillas de la posibilidad florezcan y deja que los colores vibrantes de tu potencial pinten el tapiz de tu vida. Abraza las posibilidades infinitas que yacen dentro, porque dentro de tu mentalidad de crecimiento reside el poder de convertirte en el verdadero arquitecto de tu propia transformación.

Actividad 6.1: Semilla de crecimiento.

Encuentra un espacio tranquilo y cómodo donde puedas reflexionar sin distracciones. Respira profundamente algunas veces para centrarte y despejar tu mente. Dirígete al espacio provisto en este libro. Comienza escribiendo tres desafíos u obstáculos que hayas enfrentado recientemente o que anticipes enfrentar en el futuro.

Luego, reflexiona sobre tus pensamientos y emociones iniciales acerca de estos desafíos. ¿Estaban llenos de autoduda o ansiedad? ¿Te sentiste abrumado o desanimado? Ahora, reformula cada desafío con una mentalidad de crecimiento. Escribe una perspectiva positiva y empoderadora para cada uno. Por ejemplo, si te preocupaba una presentación, reformúlala como una oportunidad para mejorar tus habilidades de hablar en público y mostrar tu experiencia. Imagina que te acercas a cada desafío con curiosidad y emoción en lugar de miedo. Visualízate superando estos obstáculos con determinación y resiliencia. A medida que visualizas tu crecimiento y progreso, escribe tres pasos concretos que puedas tomar para enfrentar cada desafío.

Divídelos en tareas más pequeñas y alcanzables para que sean menos intimidantes. Celebra tu disposición a adoptar la mentalidad de crecimiento y enfrentar los desafíos de frente. Recuérdate que cada experiencia es una oportunidad para aprender y crecer. Cuando te encuentres con autoduda o enfrentes un nuevo desafío en el futuro, vuelve a esta actividad. Revisa tus perspectivas reformuladas y tus pasos concretos, reforzando tu creencia en tu capacidad para expandirte más allá de las limitaciones.

Al participar en esta actividad, cultivas las semillas de una mentalidad de crecimiento dentro de tu casa interior. Aprendes a abrazar los desafíos como oportunidades de crecimiento y transformación, cambiando tu perspectiva hacia la positividad y el empoderamiento. A medida que riegas estas semillas con determinación y curiosidad, tu mentalidad de crecimiento florecerá, guiándote hacia las posibilidades ilimitadas que te esperan en tu viaje de autodescubrimiento y expansión.

Actividad 6.1: Semilla de crecimiento.

_____

_____

_____

_____

_____

_____

_____

_____

_____

_____

_____

_____

_____

_____

_____

_____

_____

_____

_____

_____

CAPÍTULO 7:

ABRAZANDO EL

MOMENTO PRESENTE

- MINDFULNESS Y

MEDITACIÓN.

En medio del ajetreo y el bullicio de la vida, a menudo nos encontramos arrastrados por las corrientes del estrés y la distracción. El arte del *mindfulness* nos invita a anclarnos en el momento presente, a estar completamente presentes con nuestros pensamientos, emociones y sensaciones. Esta poderosa herramienta de autoconciencia nos permite liberarnos de las cadenas de los bloqueos mentales y abrazar la serenidad de la paz interior. Estas herramientas te ayudarán tanto en tu vida diaria como en la limpieza de tu casa interior.

En el corazón del *mindfulness* yace una esencia profunda que nos llama a despertar a la riqueza de cada momento que pasa. Es el arte de estar completamente presente, donde el tiempo se desacelera y la cacofonía de pensamientos se calma, revelando la quietud interna. El *mindfulness* es un delicado baile de conciencia, donde observamos nuestros pensamientos y emociones sin juicio, como un observador compasivo que presencia el flujo y reflujo de la marea de la vida.

En la esencia del *mindfulness*, descubrimos la belleza de la aceptación, ya que nos invita a abrazar cada experiencia con los brazos abiertos. Dejamos ir la resistencia y nos entregamos al flujo de la vida, encontrando consuelo en el simple acto de ser. A través de esta entrega gentil, liberamos las cadenas del pasado y las ansiedades del futuro, anclándonos en el santuario del presente.

Más aún, el *mindfulness* se convierte en una puerta sagrada hacia el autodescubrimiento y la autocompasión. A medida que desentrañamos las capas de distracción, descubrimos la profundidad de nuestro verdadero ser, conectando con el núcleo de nuestro ser. La esencia del *mindfulness* radica en la profunda comprensión de que no somos definidos por nuestros pensamientos o circunstancias; más bien, somos la conciencia que lo presencia todo.

En la esencia del *mindfulness*, nos sintonizamos con la sinfonía de la vida, donde cada nota, por fugaz que sea, lleva su melodía única. Saboreamos el gusto del momento presente, como una delicadeza rara que se saborea con reverencia. A medida que nos sumergimos en la esencia del *mindfulness*, descubrimos que el verdadero tesoro de la vida no reside en el destino, sino en el propio viaje.

La esencia del *mindfulness* es una invitación atemporal a despertar a la belleza del momento presente. Es una peregrinación interior que nos lleva de regreso a la esencia de nuestro ser auténtico, donde encontramos el santuario de la paz, la autoaceptación y una conexión profunda con el tapiz en constante evolución de la vida. Abraza la esencia del *mindfulness* con un corazón abierto y una mente curiosa, porque en ella yace la llave para desbloquear la profunda simplicidad y serenidad que reside en todos nosotros.

Actividad 7.1: Ejercicios de meditación para la conciencia del momento presente:

Para nutrir la esencia del mindfulness, podemos realizar ejercicios de meditación simples. Encuentra un espacio cómodo y tranquilo, siéntate en una postura relajada y cierra suavemente tus ojos.

Atención a la Respiración: Dirige tu atención hacia tu respiración, la elevación y caída de tu pecho o la sensación del aire pasando por tus fosas nasales. Si tu mente divaga, guía delicadamente tu atención de vuelta a tu respiración.

Exploración Corporal: Comienza en la parte superior de tu cabeza y escanea gradualmente todo tu cuerpo, notando cualquier área de tensión o incomodidad. Mientras respiras, imagina suavizar y liberar cualquier tensión o estrés que encuentres.

Observación de Pensamientos: Imagina tus pensamientos como nubes pasando a través de un vasto cielo. Reconoce cada pensamiento sin juicio, permitiéndoles flotar sin aferrarte a ellos.

Vuelve tu atención al momento presente cada vez que te sientas perdido en los pensamientos.

Sección 1: Rompiendo las barreras mentales:

Los bloqueos mentales pueden sentirse como muros invisibles que confinan nuestras mentes, obstaculizando nuestro progreso y evitándonos alcanzar nuestro pleno potencial. Estas barreras se manifiestan como la autoduda, el miedo al fracaso y patrones de pensamiento negativos que nos mantienen atrapados en creencias limitantes; todas las cuales considero demonios que habitan en tu casa interior. Sin embargo, liberarnos de estos bloqueos mentales no solo es posible, sino esencial para limpiar nuestro hogar interior, el crecimiento y desarrollo personal.

El primer paso para liberarnos de los bloqueos mentales es la autoconciencia. Debemos estar dispuestos a examinar nuestros pensamientos y creencias de manera honesta, iluminando los patrones que nos frenan. A menudo, estos bloqueos tienen raíces en experiencias pasadas o condicionamientos sociales, y al reconocer su presencia, nos empoderamos para desafiarlos y superarlos.

A continuación, debemos cultivar una mentalidad de crecimiento. Acepta la creencia de que la inteligencia, habilidades y destrezas no son rasgos fijos, sino que pueden desarrollarse y mejorar con el tiempo. Cuando enfrentamos desafíos con una mentalidad de crecimiento, los vemos como oportunidades para aprender y crecer, en lugar de obstáculos insuperables.

Una técnica poderosa para liberarnos de los bloqueos mentales es reformular pensamientos negativos. Cuestiona la validez de estos pensamientos y reemplázalos con afirmaciones positivas o alternativas constructivas. Por ejemplo, si te encuentras pensando "No soy lo suficientemente bueno," reformúlalo como "Soy capaz de aprender y mejorar." Otro enfoque efectivo es visualizar el éxito. Crea una imagen mental de ti mismo alcanzando tus objetivos y superando obstáculos. La visualización puede aumentar la confianza y la motivación, y prepara tu mente para el éxito.

Además, cultiva una red de apoyo de individuos positivos y alentadores. Rodéate de personas que te levanten e inspiren. Comparte tus aspiraciones y desafíos con ellos, ya que su apoyo puede proporcionar valiosas ideas y motivación. Sin embargo, como he mencionado antes, algunos de nosotros estamos haciendo este viaje solos o con solo alguien más. No olvides la responsabilidad que implica recorrer este camino en solitario, lo que significa que estás haciendo el trabajo para poder ayudar a otros. Este libro será tu compañero, aquel que te levanta y te inspira para lograr exactamente tu propósito en la vida.

Practica la autocompasión a lo largo de tu viaje para liberarte de los bloqueos mentales. Reconoce que los contratiempos y las dificultades son parte del proceso de aprendizaje, y sé amable contigo mismo durante los momentos difíciles. Trátate con la misma compasión y comprensión que ofrecerías a un querido amigo.

Por último, abraza la disposición a tomar riesgos y salir de tu zona de confort. El progreso a menudo requiere que enfrentemos la incertidumbre y abracemos el cambio. Acepta lo desconocido con valentía, sabiendo que es una puerta hacia el crecimiento y la expansión.

Liberarse de los bloqueos mentales es un viaje empoderador de autodescubrimiento y crecimiento. Con autoconciencia, una mentalidad de crecimiento, reformulación de pensamientos negativos, visualización, una red de apoyo, autocompasión y una disposición a correr riesgos, puedes desmantelar estas barreras y desbloquear tu verdadero potencial. Abraza el poder transformador de superar los bloqueos mentales y observa cómo entras en un mundo de posibilidades ilimitadas y un crecimiento incomparable.

Sección 2 Abrazando la paz interior:

En el santuario de la atención plena (*mindfulness*), descubrimos un profundo sentido de paz interior. Al mantenernos presentes y experimentar plenamente cada momento, cultivamos una conexión más profunda con nosotros mismos y con el mundo que nos rodea. El estrés y las preocupaciones pierden su agarre, y encontramos consuelo en la quietud del momento presente.

Dentro del desorden de nuestras mentes, a menudo nos encontramos con las sombras de nuestros demonios internos, esos miedos y ansiedades que nos mantienen cautivos en un ciclo de inquietud. En medio de este tumulto, el viaje hacia la paz interior emerge como un soplo de aire fresco, guiándonos hacia la serenidad que yace en nuestro interior. Es un proceso profundo y transformador de limpiar la casa interior, liberándonos del desorden de emociones negativas y la duda.

En el núcleo de abrazar la paz interior se encuentra el arte de la autoaceptación. Es la realización de que no estamos definidos por nuestros errores pasados o el peso de nuestras percepciones de insuficiencia. Cuando practicamos la autoaceptación, creamos un espacio de compasión y entendimiento dentro de nosotros mismos. Esta ternura recién encontrada nos permite enfrentar nuestros demonios internos con valentía, reconociendo su presencia sin juicio.

A medida que nos adentramos más en el viaje de abrazar la paz interior, descubrimos el poder de la atención plena. Es una práctica de estar completamente presente con nuestros pensamientos y emociones, sin enredarnos en su agitación. La atención plena se convierte en una escoba que barre los restos de patrones de pensamiento negativos, creando un camino claro hacia la tranquilidad.

Aún más, la búsqueda de la paz interior requiere la disposición de perdonarnos a nosotros mismos y a los demás.

El perdón se convierte en una herramienta poderosa para liberarnos de las cargas de resentimiento y enojo que agobian nuestros espíritus. Al perdonarnos por errores pasados y perdonar a otros por sus fallos, encontramos liberación de las cadenas de amargura.

Abrazar la paz interior también implica cultivar la gratitud. En medio del tumulto, la gratitud se convierte en una brújula que nos guía hacia los aspectos positivos en medio de los desafíos de la vida. Al centrarnos en las bendiciones y en las pequeñas alegrías, invitamos un sentimiento de satisfacción y contentamiento, creando un santuario de paz interior. A medida que la casa interna comienza a liberarse del desorden, encontramos espacio para sembrar las semillas de positividad.

La autocompasión y el amor propio se convierten en el suelo fértil que permite que estas semillas florezcan. Cuando aprendemos a tratarnos con amabilidad, rompemos las cadenas de la autocrítica y abrazamos nuestro ser auténtico. Abrazar la paz interior se convierte en un profundo viaje de redescubrimiento personal y sanación, el trabajo de limpiar la casa interna y encontrar solaz en lugar de la repetición diaria de la vida.

Al practicar la autoaceptación, la atención plena, el perdón y la gratitud, desenredamos los nudos de nuestros demonios internos y descubrimos el oasis de paz interior que reside dentro. Mientras caminamos por este camino transformador, abrazamos la esencia de nuestro ser verdadero y nos regocijamos en la serenidad que surge desde adentro.

Notas personales: En el tapiz de la vida, el momento presente es el único hilo que teje la tela de nuestra existencia. Abrázalo con un corazón abierto y una mente receptiva, porque dentro de este instante fugaz reside la esencia de la verdadera vida. Deja ir las cargas del pasado y las preocupaciones del futuro, e inmergiste completamente en la belleza del ahora. El momento presente es un regalo que nos otorga la oportunidad de saborear las maravillas de la vida, de presenciar la sinfonía de la existencia y de apreciar las complejidades de nuestro ser. Abraza el momento presente como una joya preciosa, porque en su brillantez, encontrarás la clave de la paz interior, el propósito y la profunda conexión con la esencia de tu ser auténtico.

Actividad 7.2: Observación Consciente.

Esta sencilla actividad te ayudará a comprender verdaderamente la esencia de abrazar el momento presente. Encuentra un espacio tranquilo y cómodo donde puedas sentarte sin distracciones durante unos minutos. Respira profundamente unas cuantas veces para centrarte y llevar tu atención al momento presente.

Elige un objeto que esté cerca, como una flor, una pieza de fruta o cualquier pequeño artículo que llame tu atención. Sujeta el objeto en tus manos o colócalo frente a ti sobre una mesa. Ahora, observa el objeto de manera consciente, usando todos tus sentidos. Nota su forma, color, textura y cualquier detalle único. Tómate un momento para sentir su peso en tus manos o percibir su presencia ante ti. Inhala su fragancia o aprecia su sabor si es comestible.

Permítete estar completamente presente con el objeto, sumergiéndote en este momento de observación consciente. Si tu mente comienza a divagar o surgen pensamientos, guía suavemente tu enfoque de regreso al objeto. Dedica unos minutos a estar completamente comprometido con el objeto, abrazando el momento *presente con curiosidad y apertura. Cuando te sientas listo, libera lentamente tu atención del objeto, respira profundamente para volver a anclarte en el momento presente una vez más.*

Esta actividad te ayuda a experimentar la profundidad y riqueza del momento presente a través de la observación consciente. Te anima a sumergirte plenamente en el ahora, libre de distracciones y preocupaciones. Al practicar regularmente la observación consciente, desarrollarás un aprecio más profundo por la belleza y maravilla que te rodean, y encontrarás más fácil abrazar el momento presente en todos los aspectos de tu vida.

CAPÍTULO 8:

ESTABLECIENDO

LÍMITES Y

PRIORIZANDO EL

CUIDADO PERSONAL.

En el ritmo implacable de la vida moderna, a menudo nos encontramos tirados en múltiples direcciones, tratando de cumplir con las demandas del trabajo, la familia, las expectativas de los demás y los compromisos sociales. Incluso en medio de este caos, debemos reconocer la profunda importancia de establecer límites y priorizar el cuidado personal. No es un acto egoísta, sino un acto de protección personal, que nutre nuestro bienestar mental, emocional y físico.

Establecer límites se trata de honrar nuestras propias necesidades y límites, al mismo tiempo que respetamos las necesidades de los demás. Requiere el valor de comunicar nuestros límites de manera clara y asertiva, sin culpa ni disculpa. Cuando establecemos límites saludables, creamos un santuario de espacio personal, libre de la carga de obligaciones y presiones constantes.

Los límites actúan como un escudo que protege nuestro tiempo y energía preciada. Nos permiten decir "no" cuando es necesario y asignar nuestros recursos de manera consciente. Al establecer límites sobre lo que podemos asumir, evitamos el agotamiento y mantenemos nuestra vitalidad.

Aún mejor, los límites crean el espacio para el autocuidado, una práctica que rejuvenece nuestra mente, cuerpo y alma. Priorizar el autocuidado es un acto de autocompasión, reconociendo que merecemos amor y cuidado, al igual que cualquier otra persona. El autocuidado adopta muchas formas, desde rituales diarios simples como la meditación o escribir en un diario hasta actos más profundos de nutrición, como pasar tiempo en la naturaleza o dedicarse a pasatiempos que nos traen alegría. Se trata de escuchar las necesidades de nuestro yo interno y responder con amabilidad y ternura.

En el viaje de establecer límites y priorizar el autocuidado, debemos liberarnos de la noción de "hacerlo todo." La sociedad puede presionarnos a creer que debemos ser constantemente productivos, pero el verdadero bienestar surge del equilibrio y la armonía. Establecer límites y practicar el autocuidado nos exige estar sintonizados con nuestra propia intuición y voz interior. Significa dejar de lado el ruido externo y sintonizarnos con nuestras propias necesidades y deseos. Confiar en nosotros mismos y en nuestras habilidades para navegar por la vida con sabiduría y resiliencia.

A medida que establecemos límites y priorizamos el autocuidado, no solo nos empoderamos a nosotros mismos, sino que también inspiramos a quienes nos rodean a hacer lo mismo. Nos convertimos en un ejemplo vivo de amor y respeto propio, irradiando un efecto positivo en nuestras relaciones y comunidades. Esta parte del viaje de establecer límites y priorizar el autocuidado es un camino transformador de empoderamiento y bienestar.

Al establecer límites, reclamamos nuestro espacio personal y protegemos nuestro tiempo y energía. Priorizar el autocuidado nutre nuestras mentes, cuerpos y espíritus, creando una base de fuerza interior y resiliencia. Abraza el poder de los límites y el autocuidado como herramientas transformadoras en tu camino hacia una vida más equilibrada, satisfactoria y empoderada. Recuerda, tu bienestar importa, y cuidar de ti mismo es un acto de amor y respeto hacia la persona extraordinaria que eres.

Sección 1 Fomentando la valentía: El arte de la comunicación asertiva y los límites.

La comunicación buena y saludable es el alma de la conexión humana, y en el corazón de las relaciones saludables se encuentra el arte de establecer límites con claridad y asertividad. Sin embargo, para muchos, expresar sus necesidades y límites puede ser una tarea abrumadora, eclipsada por el miedo, la culpa o el deseo de complacer a los demás.

Fomentar la valentía para comunicar límites de manera asertiva es un acto de autodescubrimiento y autoafirmación.

Fomentar la valentía implica reconocer la importancia de honrar nuestras propias necesidades y bienestar. Requiere un cambio de mentalidad, donde entendemos que establecer límites no es egoísta, sino un acto fundamental de autopreservación. Los límites son las líneas sagradas que definen nuestros límites emocionales y físicos, protegiendo nuestra paz interior e integridad.

Para cultivar el coraje de comunicar límites de manera asertiva, debemos explorar las raíces de nuestro miedo y la falta de confianza en nosotros mismos. A menudo, nuestra renuencia a establecer límites proviene de experiencias pasadas o creencias condicionadas que nos hacen creer que expresarnos es confrontativo o indeseable. Reconocer estas barreras es en sí mismo un acto valiente, ya que nos permite enfrentar a nuestros demonios internos con compasión y comprensión.

Abrazar la autocompasión es otro aspecto fundamental para fomentar el coraje en la comunicación de límites. A medida que aprendemos a tratarnos a nosotros mismos con amabilidad y gentileza, nos liberamos del peso de la culpa y la autocrítica. La autocompasión se convierte en un escudo nutritivo que nos capacita para expresar nuestra verdad con amor y aceptación.

Desarrollar asertividad es una habilidad que requiere práctica y paciencia. Se trata de encontrar el equilibrio entre ser firme en nuestros límites mientras seguimos siendo respetuosos y comprensivos hacia los demás. Al utilizar declaraciones que comienzan con "Yo" y expresar nuestras necesidades directamente, creamos un canal de comunicación claro que fomenta la comprensión mutua.

Una técnica poderosa para fomentar el coraje es visualizar resultados positivos. Al visualizar escenarios exitosos de comunicación con límites nos permite construir confianza y reducir la ansiedad. Es como ensayar para una actuación crucial, equipándonos con las herramientas para navegar situaciones desafiantes con gracia y aplomo.

Además, para algunos, rodearnos de personas comprensivas y de apoyo fortalece nuestra valentía para comunicar límites. Una red amorosa y empática de amigos y seres queridos puede brindarnos aliento y validación, reforzando nuestro valor y la importancia de la defensa personal. Es importante utilizar esto también con conocidos y personas en general, especialmente si aún no tienes las habilidades para hacer amigos o te encuentras en esa etapa de la vida en la que estás "solo", algo que la mayoría de nosotros eventualmente experimentará.

A medida que fomentamos la valentía en la comunicación de límites, aprendemos que establecer límites no solo mejora nuestro bienestar, sino que también mejora las relaciones más saludables y auténticas. Es un acto de respeto hacia nosotros mismos y hacia los demás, sentando las bases para la confianza, la comprensión y una conexión genuina.

Reunir el coraje para comunicar límites de manera asertiva es una parte aterradora pero gratificante del viaje de autodescubrimiento y empoderamiento personal. Al reconocer la importancia del autocuidado, explorar las raíces de nuestros miedos, abrazar la autocompasión, desarrollar la asertividad, visualizar resultados positivos y cultivar una red de apoyo, abrimos la puerta a un mundo de comunicación auténtica y relaciones empoderadas. Con cada límite asertivo que establecemos, recuperamos nuestro poder personal y entramos en una vida donde nuestras necesidades son honradas, y nuestra voz se escucha con fuerza y gracia. Abraza el viaje de fomentar el coraje, pues es una puerta de entrada a una vida de expresión auténtica y conexiones más profundas con los demás.

Sección 2 Nutriendo el alma: El arte del autocuidado y priorizarnos.

En la situación actual de vida, es fácil perder de vista nuestro propio bienestar y ceder ante las demandas y responsabilidades que nos arrastran en todas direcciones. La decisión de practicar el autocuidado y priorizarnos a es un acto profundo de amor y respeto propio, uno que renueva nuestras almas y rejuvenece nuestros espíritus. En el santuario del autocuidado, descubrimos las herramientas esenciales para navegar la vida con gracia y resiliencia.

Un paso importante hacia el autocuidado es cultivar la autoconciencia. Es la capacidad de escuchar los susurros de nuestras almas, reconocer nuestras necesidades, emociones y deseos sin juicio. Al practicar la autoconciencia, aprendemos a discernir cuándo necesitamos hacer una pausa y recargarnos, reconociendo que cuidar de nuestro bienestar no es un lujo sino una necesidad.

Una herramienta poderosa para el autocuidado es crear una rutina personalizada de autocuidado. Esta rutina puede abarcar rituales diarios simples como la meditación, escribir en un diario o disfrutar de una taza de té relajante. Se trata de reservar tiempo regularmente para participar en actividades que nos traigan alegría y serenidad, nutriendo así nuestros espíritus en el proceso.

Otro aspecto crucial del autocuidado es establecer límites. Al aprender a decir "no" cuando es necesario y proteger nuestro tiempo y energía, creamos un espacio sagrado de autopreservación. Los límites nos protegen de las demandas de los demás, permitiéndonos centrarnos en nutrirnos a nosotros mismos sin culpa ni vacilación.

La práctica de la atención plena se convierte en una herramienta integral para el autocuidado. Al anclarnos en el momento presente, nos desvinculamos de las preocupaciones sobre el futuro o los lamentos del pasado. La atención plena crea un espacio de tranquilidad interior, donde podemos recargar energías y encontrar consuelo en medio de las tormentas de la vida.

Además, la gratitud es una herramienta transformadora que profundiza nuestra práctica de autocuidado. Al abrazar la gratitud, cambiamos nuestro enfoque de lo que nos falta a la abundancia que nos rodea. Es una práctica que invita a la satisfacción y a la apreciación del momento presente, nutriendo nuestras almas con un sentido de plenitud.

Priorizarnos a nosotros mismos también puede involucrar buscar apoyo y orientación cuando sea necesario. La terapia, el coaching o buscar consejo de mentores pueden brindar ideas invaluables y aliento en nuestro camino de autocuidado y autodescubrimiento.

El autocuidado y la priorización de nosotros mismos son los pilares de una vida plena y saludable. Al cultivar la autoconciencia, crear una rutina personalizada de autocuidado, establecer límites, practicar la atención plena, abrazar la gratitud y buscar apoyo, nos dotamos de las herramientas esenciales para nutrir nuestras almas y irradiar amor y positividad al mundo. Abraza el poder transformador del autocuidado, ya que no es una indulgencia fugaz, sino un acto profundo de autocompasión que nutre la esencia misma de lo que somos. Priorízate a ti mismo, pues eres digno de amor, cuidado y todos los tesoros que yacen en tu alma

Actividad 8.1 Cortando los lazos.

Advertencia: esta podría ser la actividad más directa y difícil de este libro, por favor, tómala con cuidado. Utiliza toda tu valentía para esta actividad, ya que podría ser la más importante para muchos de ustedes.

Esta actividad directa pero poderosa está diseñada para ayudarte a establecer límites y priorizar el autocuidado al dejar atrás a personas que no respetan tus límites o dificultan tu crecimiento.

Tómate un momento para reflexionar sobre las relaciones en tu vida. Identifica a las personas que consistentemente sobrepasan tus límites, te agotan energéticamente u obstaculizan tu crecimiento personal. Esto podría incluir a personas que esperan que sigas siendo la misma persona de hace años o que se niegan a reconocer tu crecimiento y cambios.

Escribe los nombres de estas personas y las razones por las que su presencia en tu vida es perjudicial para tu bienestar y tu camino de autocuidado. Sé honesto contigo mismo, reconociendo el impacto que estas relaciones tienen en tu estado emocional y mental. Reconoce que establecer límites y priorizar el autocuidado significa elegir tu bienestar sobre la necesidad de complacer o mantener relaciones tóxicas. Comprende que dejar ir a estas personas no significa que no te importen, sino que es un acto de autopreservación y reencuentro.

Prepárate emocionalmente para el proceso de cortar lazos. Puede ser difícil y emocionalmente desafiante, pero recuerda que estás dando un paso hacia la creación de una vida más saludable y satisfactoria para ti; al mismo tiempo, estás abriendo espacio para que personas en tu misma vibración lleguen a tu vida.

Ten una conversación abierta y honesta con las personas de las que deseas distanciarte, si es posible. Explica tu decisión de manera calmada y asertiva, estableciendo límites claros y expresando tu necesidad de espacio y autocuidado.

Si la comunicación directa no es posible o sería

emocionalmente agotadora, considera reducir gradualmente el contacto e interacciones con estas personas. Crea una distancia saludable y protege tu bienestar limitando el tiempo que pasas con ellas. Rodéate de una red de apoyo de amigos y seres queridos que respeten tus límites y fomenten tu camino de autocuidado, incluso si se trata de solo una persona. Busca a individuos o modelos a seguir que te impulsen y te inspiren a ser la mejor versión de ti mismo.

Durante este proceso, sé amable contigo mismo y practica la autocompasión. Dejar ir relaciones no es fácil, pero es un acto valiente de amor propio y crecimiento. Recuérdate a ti mismo que mereces estar rodeado de personas que te respeten y valoren. A medida que cortas los lazos con personas que obstaculizan tu autocuidado y crecimiento, crea espacio en tu vida para que nuevas oportunidades y relaciones positivas florezcan. Abraza el camino de autodescubrimiento y permítete florecer en un entorno que fomente tu bienestar y paz interior.

Recuerda, establecer límites y priorizar el autocuidado puede requerir decisiones difíciles, pero son esenciales para tu crecimiento emocional, mental y espiritual. Al dejar ir relaciones tóxicas y rodearte de influencias positivas, estás creando la base para una vida llena de paz, crecimiento personal y la libertad para abrazar tu yo auténtico.

Actividad 8.1 Cortando los lazos.

_____

_____

_____

_____

_____

_____

_____

_____

_____

_____

_____

_____

_____

_____

_____

_____

_____

_____

_____

_____

_____

_____

_____

CAPÍTULO 9:

CONCLUSIÓN.

A medida que concluimos el primer volumen de "Café con mis demonios", nos encontramos juntos en el umbral de un viaje notable hacia el autodescubrimiento y la sanación. Este paso inicial ha sido crucial para establecer la base de un proceso transformador que culminará en el tercer volumen, donde nos liberaremos de las cadenas de nuestro pasado y abrazaremos un futuro más brillante.

A lo largo de este viaje, hemos explorado las complejidades de nuestra casa mental, adentrándonos en las habitaciones bien iluminadas de nuestras alegrías, aspiraciones y sueños, mientras también enfrentamos los rincones más oscuros manchados por bloqueos mentales y traumas pasados. Juntos, hemos aprendido a abrazar la vulnerabilidad como una herramienta poderosa para enfrentar nuestros demonios internos con valentía y compasión, fomentando una conexión profunda con nuestro yo auténtico.

Pero recordemos que este viaje no es un logro único, ya que la sanación y el crecimiento son procesos continuos. El segundo volumen nos espera, donde profundizaremos en las diversas manifestaciones de nuestros demonios, abrazando el perdón y cultivando una mentalidad de crecimiento para expandirnos más allá de las limitaciones. Y es a través de estos capítulos que limpiaremos la casa mental, ordenando el pasado y creando espacio para la resiliencia y el empoderamiento personal.

En este esfuerzo, recuerda que yo estoy a tu lado como tu guía y seguidor inquebrantable. Estoy aquí para recordarte que este viaje no está exento de desafíos, pero es dentro de estos desafíos donde descubrirás tu fortaleza interior y resiliencia. Con cada paso que tomes, te acercará más a la vida que mereces: una vida de felicidad, plenitud y paz.

Mientras abrazamos el presente y enfrentamos las pruebas y tribulaciones, encontremos consuelo en saber que este proceso no se trata de alcanzar la perfección, sino de progreso y crecimiento. Cada pequeño paso que tomes, cada acto de autocompasión y cada límite que establezcas te acerca más a recuperar tu poder y liberar tu verdadero potencial.

Estimado lector, te pido que tengas esperanza y fe en el viaje que se avecina. El segundo volumen nos espera, donde profundizaremos en traumas pasados, enfrentaremos viejos demonios en nuestra casa interna, practicaremos la autocompasión y nos liberaremos del agarre persistente de nuestros demonios. Juntos, surgiremos como maestros de nuestra casa interna, liberados del peso del pasado y listos para abrazar una vida llena de amor, alegría y la búsqueda de la felicidad auténtica. A medida que avanzamos, recuerda que no estás solo en este camino. Busca apoyo cuando sea necesario, rodéate de aquellos que te elevan e inspiran, y mantén la esperanza de que tu vida cambiará para siempre para mejor.

Abraza el presente, ámate a ti mismo y ten en cuenta que días más brillantes están por delante. Este viaje es un testimonio de tu valentía y resistencia, y no tengo ninguna duda de que emergerás triunfante al final. Que la sabiduría e ideas que has recopilado de este primer volumen iluminen el camino mientras continúas tu odisea transformadora hacia el autodominio y la liberación.

Recuerda, estoy aquí para ti en cada paso del camino. Juntos, prevaleceremos y tus demonios internos cederán ante el resplandor de tu auténtico yo.

CAPÍTULO 10:

MIENTRAS TANTO: NUTRIENDO LA SEMILLA DE LA TRANSFORMACIÓN.

¡Felicitaciones por completar el primer volumen de "Café con Mis Demonios"! Como amante de la lectura, entiendo las emociones encontradas que surgen después de terminar un libro convincente. La anticipación por la próxima entrega, el anhelo de más sabiduría y el deseo de adentrarse más en el viaje transformador pueden ser palpables. No temas, porque mientras tanto, hay valiosas actividades en las que puedes embarcarte para nutrir la semilla de la transformación plantada en tu corazón:

Léelo de nuevo, abrázalo nuevamente: Al igual que volver a ver una película querida o escuchar una canción favorita, leer el libro de nuevo puede ofrecer ideas frescas y recordatorios de la sabiduría profunda dentro de sus páginas. Con nuevo conocimiento y autoconciencia, es posible que descubras capas más profundas de comprensión que resuenen de manera aún más poderosa.

Revisa Tu Viaje: Tómate un tiempo para reflexionar sobre tu viaje a través del primer volumen. Anota las lecciones clave, los avances y las revelaciones que experimentaste. Este ejercicio no solo refuerza tu aprendizaje, sino que también sirve como una valiosa referencia a medida que continúas tu crecimiento.

La Rutina Matutina: Una de las actividades más enriquecedoras para implementar mientras esperas el segundo volumen es crear una rutina matutina que cuide tu bienestar, como mencioné al principio del libro. Comienza cada día con intención y dedicación al autocuidado. Despiértate a la misma hora todos los días, fomentando la consistencia y una sensación de estabilidad. A medida que el sol se eleva, haz tu cama, un acto simple que cultiva la disciplina y el orden. Síguelo con una ducha refrescante, eliminando los vestigios de la noche y vigorizando tu espíritu para el día que viene. Disfruta de un desayuno saludable, alimentando no solo tu cuerpo, sino también tu alma. Durante estos primeros 90 minutos del día, evita la influencia de las redes sociales, los correos electrónicos o tu teléfono, permitiendo que tu mente establezca su propio ritmo y se sumerja en el momento presente.

Exploración de Nuevos Intereses: El "mientras tanto" presenta una oportunidad para explorar nuevos intereses y pasatiempos. Ya sea aprender una nueva habilidad, sumergirse en el arte o participar en actividades al aire libre, el mundo está repleto de posibilidades. Abraza la curiosidad y libera tu creatividad, porque en estos momentos de exploración descubrirás talentos y pasiones ocultas. Practica la Atención Plena (Mindfulness) y la Meditación: Fortalece tus prácticas de atención plena y meditación, conectando con el momento presente y fomentando una sensación más profunda de paz interior. Permítete simplemente ser, sin la presión de necesitar estar en ningún otro lugar.

Escritura de diario para reflexión: Dedica tiempo a escribir en tu diario para adentrarte en tus pensamientos, emociones y sueños. Esta práctica no solo ofrece claridad, sino que también actúa como una salida terapéutica, fomentando la introspección y la liberación emocional.

Gratitud y actos de bondad: Cultiva una actitud de gratitud, reconociendo las bendiciones que te rodean a diario. Además, practica actos aleatorios de bondad, difundiendo amor y positividad en el mundo. Estos gestos simples no solo levantan el ánimo de los demás, sino que también nutren tu alma.

Recuerda, querido lector, que el período de espera no es una pausa, sino una oportunidad para florecer y prepararte para el profundo viaje que te espera en el segundo volumen. Abraza estas actividades como valiosos escalones, nutriendo tu espíritu y allanando el camino para un crecimiento y redescubrimientos aún mayores.

Una vez más que estoy aquí, junto a ti, esperando ansiosamente la continuación de esta odisea transformadora. Mientras te cuidas durante este intervalo, ten la seguridad de que el segundo volumen llegará y juntos nos embarcaremos en el próximo capítulo de sanación profunda, comprensión y liberación. Hasta entonces, abraza el presente, nutre tu mundo interior y prepárate para adentrarte más en los reinos de la auto maestría y el dominio de todo tu ser. Tu mejor versión ya está aquí en ti, y tu viaje recién ha comenzado.

"Este es el libro que desearia hubieras leído"

MATERIAL ADICIONAL:

Sección 1: La importancia de la nutrición en el bienestar mental.

El impacto de la nutrición en el bienestar mental no puede ser subestimado. Los alimentos que consumimos no solo alimentan nuestros cuerpos, sino que también desempeñan un papel significativo en nutrir nuestras mentes y emociones. Una dieta equilibrada y nutritiva puede contribuir a mejorar el estado de ánimo, la función cognitiva y la salud mental en general, mientras que una mala dieta puede exacerbar el estrés, la ansiedad y la depresión. Comprender la conexión entre la nutrición y el bienestar mental nos capacita para hacer cambios intencionales e impactantes para apoyar nuestra salud emocional.

Un cambio dietético esencial es enfocarse en consumir

alimentos integrales y densos en nutrientes. Incorpora una variedad de frutas y verduras coloridas que sean ricas en vitaminas, minerales y antioxidantes. Estos nutrientes son cruciales para apoyar la salud cerebral, reducir la inflamación y promover un estado de ánimo positivo. Además, prioriza los granos enteros orgánicos, legumbres y proteínas magras para proporcionar un suministro constante de energía y aminoácidos esenciales que ayudan en la producción de neurotransmisores.

Otro cambio impactante es reducir el consumo de alimentos procesados y azucarados. Estos alimentos pueden llevar a fluctuaciones en los niveles de azúcar en la sangre, causando cambios de humor y sensación de fatiga. En su lugar, opta por endulzantes más saludables como la miel o el jarabe de arce, y cuando tengas antojo de algo dulce, disfruta de fuentes naturales como frutas frescas.

Además, incorporar ácidos grasos omega-3 en tu dieta puede tener un impacto profundo en el bienestar mental. Los omega-3 son conocidos por apoyar la salud cerebral y reducir los síntomas de depresión y ansiedad. Puedes encontrar estas grasas beneficiosas en pescados grasos como el salmón, semillas de chía, semillas de lino y nueces.

Por último, mantente hidratado durante todo el día. La deshidratación puede llevar a sentimientos de irritabilidad y fatiga, afectando tu estado de ánimo y función cognitiva. Apunta a beber suficiente agua para mantener tu cuerpo y mente funcionando de manera óptima.

Al hacer estos cambios nutricionales, estás dando pasos significativos hacia la mejora de tu bienestar mental y la calidad de vida en general. Nutrir tu cuerpo y mente con alimentos saludables sienta las bases para el equilibrio emocional, la resiliencia y una sensación más profunda de bienestar. Recuerda, pequeños pero impactantes cambios en tu dieta pueden conducir a cambios profundos en tu salud mental y permitirte abrazar completamente el viaje transformador de "Café con mis demonios".

Sección 2: Dormir.

El impacto del sueño en el bienestar mental es profundo y a menudo subestimado. Obtener un sueño adecuado y reparador es esencial para nuestra salud emocional y cognitiva. Durante el sueño, nuestros cerebros experimentan procesos críticos, como la consolidación de la memoria y la regulación emocional, que son cruciales para mantener una función mental óptima. Por otro lado, la privación crónica de sueño puede conducir a una serie de problemas de salud mental, incluyendo trastornos del estado de ánimo, ansiedad y función cognitiva deteriorada.

Para mejorar el sueño y potenciar el bienestar mental, considera realizar algunos cambios impactantes en tu rutina de sueño. En primer lugar, establece un horario de sueño consistente y acuéstate y levántate a la misma hora todos los días, incluso los fines de semana. Esto ayuda a regular el reloj interno de tu cuerpo, facilitando el proceso de conciliar el sueño y despertar de forma natural. Crea una rutina relajante antes de acostarte para señalar a tu cuerpo que es hora de relajarse. Evita las pantallas y luces brillantes al menos una hora antes de acostarte, ya que estas pueden alterar la producción de melatonina, la hormona del sueño.

Además, crea un entorno propicio para el sueño haciendo tu habitación cómoda, fresca y oscura. Invierte en un colchón y almohadas cómodos para apoyar tu cuerpo durante el sueño. Considera el uso de máquinas de ruido blanco o tapones para los oídos para bloquear las perturbaciones externas que puedan interferir con tu sueño.

En algunos casos, los nutracéuticos o suplementos naturales pueden complementar los cambios en el estilo de vida para mejorar el sueño y el bienestar mental. La melatonina es un suplemento popular que puede ayudar a regular los ciclos de sueño-vigilia, especialmente para aquellos con patrones de sueño irregulares o desfase horario. Otra opción es el magnesio, que tiene un efecto calmante en el sistema nervioso y puede ayudar a relajarse antes de acostarse.

Sin embargo, antes de considerar cualquier nutracéutico o suplemento, es esencial consultar con un profesional de la salud para asegurarse de que sean seguros y apropiados para tus necesidades individuales.

Al priorizar un sueño de calidad y realizar cambios impactantes en tu rutina de sueño, estás dando pasos significativos para apoyar tu bienestar mental. El sueño restaurador adecuado permite que tu mente procese emociones, reduzca el estrés y te prepare para los desafíos y el crecimiento en el que estás trabajando. Recuerda, al igual que en otros aspectos del autocuidado, el sueño es una herramienta poderosa en tu viaje transformador hacia la paz interior y la liberación.

Sección 3: Apoyo Nutracéutico.

Los nutracéuticos han ganado cada vez más atención como posibles apoyos neuronales y cognitivos, ofreciendo un enfoque natural y complementario para el bienestar mental. Algunos nutracéuticos han mostrado promesa en la reducción de la rumiación, alivio de la ansiedad y aumento de los niveles de energía, convirtiéndolos en adiciones valiosas al conjunto de herramientas para la salud mental. Es importante tener en cuenta que, aunque los nutracéuticos pueden ser beneficiosos para algunas personas, no deben reemplazar el consejo médico profesional o los medicamentos recetados. Siempre consulta con un profesional de la salud antes de añadir nuevos suplementos a tu régimen.

Además de los ácidos grasos omega-3, otro nutracéutico bien investigado para la salud mental es la Ashwagandha, una hierba adaptógena utilizada en la medicina tradicional Ayurvédica. La Ashwagandha se ha asociado con la reducción del estrés, la ansiedad y los síntomas de la depresión. También puede ayudar a mejorar los niveles de energía y la función cognitiva.

Este adaptógeno funciona al apoyar la capacidad del cuerpo para adaptarse al estrés y promover una sensación de calma y relajación. Como con cualquier suplemento, la calidad y pureza son cruciales, y es aconsejable buscar orientación de un profesional de la salud para determinar la dosis apropiada.

Otro nutracéutico bien investigado para el apoyo cognitivo es la curcumina, un compuesto encontrado en la cúrcuma. La curcumina tiene propiedades antiinflamatorias y antioxidantes potentes, que pueden contribuir a sus posibles beneficios para la salud cerebral. Estudios han sugerido que la suplementación con curcumina puede ayudar a mejorar la memoria y la atención, y reducir los síntomas de ansiedad y depresión. Además, se ha investigado por su potencial en la reducción de enfermedades neurodegenerativas. Sin embargo, es crucial seleccionar un suplemento de curcumina de calidad y buscar orientación de un profesional de la salud, ya que su absorción puede mejorarse al combinarlo con pimienta negra o piperina.

El GABA (Ácido Gamma-Aminobutírico) es un neurotransmisor que desempeña un papel vital en calmar el sistema nervioso y reducir la ansiedad. La suplementación con

GABA puede apoyar la relajación, mejorar la calidad del sueño y reducir los síntomas de estrés y ansiedad. Sin embargo, es importante tener en cuenta que los suplementos de GABA pueden no atravesar efectivamente la barrera hematoencefálica, por lo que otros nutrientes como la L-teanina y el magnesio pueden combinarse para mejorar sus efectos.

La L-tirosina es un aminoácido que está involucrado en la producción de dopamina, noradrenalina y adrenalina, neurotransmisores que regulan el estado de ánimo y los niveles de energía. Suplementar con L-tirosina puede ayudar a mejorar el enfoque, la concentración y la función cognitiva en general, especialmente durante períodos de estrés o fatiga.

E5-HTP (5-Hidroxitriptófano) es un precursor de la serotonina, un neurotransmisor que desempeña un papel significativo en la regulación del estado de ánimo, el sueño y el apetito. Suplementar con 5-HTP puede apoyar un estado de ánimo equilibrado y reducir los síntomas de depresión y ansiedad. Sin embargo, no debe tomarse en combinación con medicamentos antidepresivos sin la guía de un profesional de la salud.

Los multivitamínicos, que contienen una variedad de vitaminas y minerales esenciales, también pueden ser beneficiosos para apoyar el bienestar mental en general. Las deficiencias en ciertas vitaminas y minerales se han relacionado con trastornos del estado de ánimo y deterioro cognitivo. Un multivitamínico de alta calidad puede ayudar a cubrir posibles brechas nutricionales en la dieta y apoyar la función cerebral óptima.

Como con cualquier suplemento, es crucial elegir marcas de confianza y consultar con un profesional de la salud antes de incorporarlos a tu rutina. Las respuestas individuales a los nutracéuticos pueden variar y pueden no ser adecuados para todos. Además, es esencial reconocer que los nutracéuticos deben complementar un enfoque holístico para la salud mental, que incluye una dieta equilibrada, ejercicio regular, sueño adecuado y apoyo profesional de salud mental cuando sea necesario. Al combinar nutracéuticos apropiados con otras modificaciones en el estilo de vida, puedes optimizar tu bienestar mental y empoderarte en tu viaje transformador hacia la paz interior y el autodescubrimiento.

Si compras este libro como regalo, utiliza esta página para escribir una dedicatoria para esta persona especial. ¿Por qué al final? Así, tendrán que leerlo antes de leer tu mensaje. Gracias por dar un regalo de amor tan significativo a esta persona importante.

www.ingramcontent.com/pod-product-compliance
Lightning Source LLC
Chambersburg PA
CBHW030837090426
42737CB00009B/1006